IOLANDA e
GIOVANNI
MANAVELLA

Fiori di montagna

delle Alpi Sud Occidentali

257 specie

oltre 850 fotografie a colori

fuLiE

I nostri più sinceri ringraziamenti vanno ad alcuni amici:
a Giancarlo MORETTO *per averci sostenuti fin dall'inizio, quando gli avevamo accennato l'idea di fare un libro sui fiori di montagna, incoraggiandoci poi, man mano che il lavoro procedeva;*
a Charles ARNOULD *che dalla Francia ha fatto lo stesso;*
a Luigi FALCO *per averci fornito la fotografia della Sassifraga dell'Argentera la quale, endemismo delle Alpi Marittime, meritava di essere inserita nel libro;*
a Renata MONNET, *mamma di Iolanda, per l'aiuto fornito nella ricerca e consultazione della bibliografia, ed infine, ma non ultimo per importanza,*
a Gianfranco ARMANDO *per il suo prezioso aiuto nella rilettura e revisione del testo.*

fusta
editore

Via Colombaro dei Rossi 2/B
12037 SALUZZO (CN)
www.fustaeditore.it

Impaginazione:
Ufficio grafico Fusta Editore

Stampa:
Stampa Editoriale Todisco - Manocalzati (AV)

ISBN: 978-88-95163-96-3

Introduzione

L'idea di questo libro è nata dalla volontà degli autori di condividere con i lettori la loro passione per i fiori.

Il testo è rivolto infatti, a tutti coloro che, pur avvicinandosi per la prima volta alla materia, sono comunque desiderosi di conoscere un po' più da vicino le specie botaniche delle Alpi Sud Occidentali. Per questo motivo si è cercato di dare risalto alle fotografie dove è proprio la foto "a parlare" al lettore e di ridurre il testo al minimo indispensabile. Se da una parte si è cercato di utilizzare poche ma significative parole per descrivere le singole parti della pianta, dall'altra è risultato necessario per mantenere un validità scientifica, utilizzare termini propriamente tecnici. Per facilitarne comunque la lettura, si sono scelte delle foto che tendono a mettere in evidenza le caratteristiche peculiari di ogni singola specie permettendo in questo modo di arrivare ad una sua determinazione certa. Questo perchè sovente nei testi botanici che si trovano in commercio le specie descritte vengono mostrate, da lontano, molto ingrandite, o ancora con solo una parte della pianta ben visibile rendendo difficile capire sia le dimensioni che i singoli particolari.

Tutte le descrizioni contenute nel testo derivano in ogni caso da una osservazione diretta degli autori e tutte le foto sono state scattate nell'area interessata.

Con tutto ciò questo manuale non vuole assolutamente essere un testo completo ma cercare di dare un'idea più precisa di quello che è il patrimonio botanico delle vallate comprese nelle Alpi Sud Occidentali. Tuttavia sono state descritte gran parte delle specie tipicamente montane con ovviamente le più comuni e tutte o almeno quasi, quelle dette endemiche, ossia le specie che crescono solamente in questa data area. Si è ritenuto inoltre opportuno per una maggiore chiarezza, aggiungere tutta una serie di pagine che comprendono un glossario botanico, delle fotografie riguardanti le singole parti dei fiori e la forma delle foglie.

257 specie
divise
per colore

- **Fioritura**
  luglio-agosto
- **Habitat**
  pendii umidi, malghe, boschi radi, su suolo calcareo
- **Altitudine**
  da 1000 a 2300 metri
- **Distribuzione**
  endemica delle Alpi Sud Occidentali
- **Famiglia**
  Ranunculaceae

Aconito di Burnat

Aconitum burnatii

Pianta di 50-150 cm di altezza dal fusto eretto, semplice, foglioso su tutta la lunghezza, glabro nella parte inferiore, pubescente nell'infiorescenza

Sepali 5, quello superiore a forma di elmo lungo 15-20 mm e largo 6-10 mm

Fiori blu viola carico con peli glandulosi

Fiori in racemo generalmente non ramificato, glanduloso

Foglie palmate, del diametro di 8-10 cm, divise generalmente in 3 lobi profondamente incisi

NOTE

Tutta la pianta è altamente velenosa

Aconito panicolato

Aconitum variegatum subsp. *paniculatum*

Pianta di 40-120 cm di altezza dal fusto eretto, foglioso su tutta la lunghezza, glabro nella parte inferiore, pubescente nell'infiorescenza, ramificato nella parte sommitale

- **Fioritura**
  luglio-agosto
- **Habitat**
  prati umidi, bordo dei ruscelli, boschi, su suolo calcareo
- **Altitudine**
  da 1000 a 2500 metri
- **Distribuzione**
  su tutto l'arco alpino
- **Famiglia**
  Ranunculaceae

Sepali 5, quello superiore a forma di elmo lungo 2 cm e largo 1,5 cm

Fiori azzurro o viola chiaro con sfumature biancastre e con venature più scure, pubescenti, con peduncolo lungo 1-3 cm

Fiori in racemo generalmente ramificato, pubescente ma non glanduloso

Foglie palmate, del diametro di 10-20 cm, divise in 5 lobi romboidali profondamente dentati

NOTE

Tutta la pianta è altamente velenosa

- **Fioritura**
  giugno-agosto
- **Habitat**
  pascoli, prati, su suolo acido
- **Altitudine**
  da 1300 a 2400 metri
- **Distribuzione**
  su tutto l'arco alpino
- **Famiglia**
  Lamiaceae

Bugola piramidale

Ajuga pyramidalis

Pianta di 5-20 cm di altezza, pubescente, dal fusto eretto, solitario, a sezione quadrata

Fiori in densa spiga, fogliosa, quadrangolare, piramidale, lilla violetto o viola scuro

Foglie caulinari sessili, più o meno tomentose, porpora viola sulle punte e gradatamente verso l'apice

Corolla lunga 5-8 mm, azzurra o rosa

Labbro inferiore trilobato

Foglie basali ovali, leggermente seghettate

Erba trinità

Anemone hepatica

Pianta di 5-15 cm di altezza dal fusto ascendente, non foglioso, tomentoso, lungo tanto quanto le foglie

- **Fioritura**
  marzo-maggio
- **Habitat**
  boschi, radure, su suolo calcareo
- **Altitudine**
  da 100 a 2000 metri
- **Distribuzione**
  su tutto l'arco alpino
- **Famiglia**
  Ranunculaceae

Fiori solitari, apicali, del diametro di 2-3 cm

Petali 6-8, ellittici, azzurro, lilla o più raramente bianchi

Foglie persistenti, tutte basali, lungamente peduncolate, lunghe 5-6 cm e larghe 7-9 cm, trilobate, coriacee, intere, verdi sulla pagina superiore, violette sulla pagina inferiore

NOTE

Il nome di questa pianta deriva dal fatto che le sue foglie ricordano nell'aspetto i lobi di un fegato

Aquilegia alpina

Aquilegia alpina

Pianta di 20-80 cm di altezza dal fusto eretto, ramificato, provvisto di peli nella parte inferiore, pubescente in quella superiore

- **Fioritura**
  giugno-agosto
- **Habitat**
  prati, pascoli sassosi, su suolo calcareo
- **Altitudine**
  da 1500 a 2600 metri
- **Distribuzione**
  su gran parte dell'arco alpino eccetto la sua parte orientale
- **Famiglia**
  Ranunculaceae

Fiori 1-3, inclinati, del diametro di 5-8 cm, blu chiaro o blu intenso, talvolta azzurro chiaro nella parte centrale

Stami gialli appena più corti dei petali

Sepali esterni 5

Sperone diritto o appena incurvato lungo 18-25 mm

Petali interni 5, appressati in alto, muniti di uno sperone

NOTE

In alcune vallate questa specie è conosciuta con il nome dialettale di "scuffie 'd nòna" che significa copricapo della nonna

Foglie trilobate con i lobi profondamente incisi

Bartsia

Bartsia alpina

Pianta di 10-20 cm di altezza dal fusto eretto, non ramificato, foglioso, pubescente

- **Fioritura** giugno-agosto
- **Habitat** prati umidi, pascoli, vallette nivali, su suolo calcareo
- **Altitudine** da 1700 a 2600 metri
- **Distribuzione** su tutto l'arco alpino eccezion fatta per pochissime province
- **Famiglia** Orobanchaceae

Foglie opposte, sessili, ovali, lunghe 1-2 cm, con il bordo dentato, quelle superiori e quelle del calice con sfumature viola

Fiori solitari all'ascella delle foglie superiori lunghi 1,5-2,5 cm, provvisti di peli glandulosi

Corolla viola scuro bilabiata, con labbro superiore ad elmo, intero, quello inferiore trilobato, brattee violacee

NOTE

Pianta emiparassita. Questa specie fa parte delle piante dette "artico-alpine" che si sono stabilite sulle Alpi nel Quaternario

- **Fioritura**
  giugno-agosto
- **Habitat**
  ghiaioni, pietraie, su suolo calcareo
- **Altitudine**
  da 2000 a 2800 metri
- **Distribuzione**
  Alpi Sud Occidentali e Valle d'Aosta
- **Famiglia**
  Campanulaceae

Campanula di Allioni

Campanula alpestris

Pianta di 3-10 cm di altezza dal fusto prostrato-ascendente, foglioso, pubescente

Fiori solitari, campanulati, lunghi 3-4,5 cm, lilla o viola, sovente leggermente inclinati

Foglie caulinari strettamente lineari, di taglia minore rispetto a quelle basali

Foglie basali in rosette, glaucescenti, densamente tomentose, lanceolato-spatolate, sessili, appena dentellate

NOTE

La taglia del fiore sembra sproporzionata rispetto alla lunghezza del fusto

Campanula barbata

Campanula barbata

Pianta di 10-40 cm di altezza dal fusto non ramificato, provvista di peli rigidi

- **Fioritura**
  luglio-agosto
- **Habitat**
  pascoli alpini e subalpini, pendii rocciosi, su suolo acido
- **Altitudine**
  da 1200 a 2600 metri
- **Distribuzione**
  su tutto l'arco alpino
- **Famiglia**
  Campanulaceae

Fiori in grappolo unilaterale di 2-9 fiori, pendenti

Corolla azzurro chiaro, campanulata, lunga 1,5-3 cm con il margine provvisto di lunghi peli bianchi

Foglie basali in rosetta, oblungo-lanceolate lunghe 5-10 cm e larghe 1-3 cm, debolmente dentate

Foglie caulinari più piccole

- **Fioritura**
  luglio-agosto
- **Habitat**
  ghiaioni, morene, pietraie, creste, su suolo calcareo
- **Altitudine**
  da 2000 a 3500 metri
- **Distribuzione**
  endemica delle Alpi Occidentali
- **Famiglia**
  Campanulaceae

Campanula del Moncenisio

Campanula cenisia

Pianta di 2-8 cm di altezza dal fusto prostrato-ascendente, pubescente, foglioso, con numerosi stoloni striscianti che formano densi tappeti di rosette

Fiori terminali, solitari, a forma di stella del diametro di 1-2 cm

Corolla a forma di campana molto aperta con 5 petali azzurro chiaro, blu lilla chiaro

Foglie
quelle basali in rosette, obovate, subsessili, cigliate alla base;
quelle caulinari sessili, alterne, ovato-lanceolate, un po' carnose

Campanula dei ghiaioni

Campanula cochleariifolia

Pianta di 5-15 cm di altezza, tappezzante, con fusti numerosi, ascendenti, gracili, incurvati nella parte terminale

- **Fioritura**
  luglio-agosto
- **Habitat**
  ghiaioni, macereti, fessure delle rocce, sovente su suolo calcareo
- **Altitudine**
  da 800 a 3000 metri
- **Distribuzione**
  su tutto l'arco alpino
- **Famiglia**
  Campanulaceae

Fiori in grappoli di 2-6 fiori penduli

Corolla azzurro chiaro, campanulata e arrotondata alla base, lunga 1-2 cm con 5 lobi ottusi

Foglie caulinari lanceolate

Foglie basali ovali o subrotonde, ristrette e un po' cuoriformi alla base lunghe 7-12 mm e larghe 8-10 mm, dentate

- **Fioritura**
  luglio-agosto
- **Habitat**
  rupi ombrose, su suolo acido (gneiss e granito)
- **Altitudine**
  da 500 a 1800 metri
- **Distribuzione**
  nelle sole province di Cuneo e Torino
- **Famiglia**
  Campanulaceae

Campanula piemontese

Campanula elatines

Pianta di 10-20 cm di altezza dal fusto prostrato-pendulo, foglioso

Fiori in infiorescenza terminale, unilaterale

Corolla del diametro di 1,5-1,9 cm, stellata, con 5 petali blu o blu screziati di bianco

Foglie lungamente peduncolate, glabre, ovato-cuoriformi lunghe 2,5-6 cm e larghe 2-4 cm, marcatamente dentate

NOTE

Viene utilizzata in medicina popolare come diuretico e depurativo in caso di problemi urinari

Campanula agglomerata

Campanula glomerata

Pianta di 20-60 cm di altezza dal fusto eretto, solitario, sparsamente peloso o glabro, foglioso, a sezione quadrata nella parte superiore

- **Fioritura** giugno-agosto
- **Habitat** prati aridi, pascoli, su suolo calcareo
- **Altitudine** fino a 1700 metri
- **Distribuzione** su tutto l'arco alpino
- **Famiglia** Campanulaceae

Fiori in capolino terminale sessile di 5-20 fiori contornato da brattee triangolari simili alle foglie

Corolla tomentosa, strettamente campanulata, azzurro violacea, più raramente bianca, lunga 1,5-3 cm, con 5 lobi lanceolati, acuti

Foglie inferiori oblungo-lanceolate, lunghe 3-12 cm e larghe 1,5-4 cm, peduncolate, pubescenti

Foglie caulinari triangolari-cuoriformi lunghe 3-5 cm e larghe 1-1,5 cm

- **Fioritura**
  luglio-agosto
- **Habitat**
  luoghi sassosi, pascoli, pietraie, su suolo calcareo
- **Altitudine**
  da 1500 a 2500 metri
- **Distribuzione**
  su tutto l'arco alpino
- **Famiglia**
  Campanulaceae

Campanula spigata

Campanula spicata

Pianta di 20-80 cm di altezza, provvista di peli ispidi che le danno un aspetto ruvido, dal fusto eretto, solitario, robusto, molto foglioso alla base, talvolta rossastro

Fiori in spiga densa lunga 10-30 cm con numerosi fiori intercalati da fogliolíne fino alla sommità

Corolla lunga 1,2-2,5 cm, tomentosa sulla parte esterna divisa fino a metà in 5 lobi lanceolati

Fiori strettamente campanulati viola più o meno chiaro

Foglie in rosetta basale

Foglie basali oblungo-lanceolate lunghe 8-15 cm e larghe 1-1,5 cm con il bordo dentellato e ondulato

Foglie caulinari simili a quelle basali ma con base allargata

Campanula a corolla stretta

Campanula stenocodon

Pianta di 15-30 cm di altezza dal fusto gracile, generalmente ascendente, ramificato

- **Fioritura**
  luglio-agosto
- **Habitat**
  rocce, pietraie, ghiaioni, su suolo acido
- **Altitudine**
  da 1400 a 2700 metri
- **Distribuzione**
  nelle sole province di Cuneo e Torino
- **Famiglia**
  Campanulaceae

Fiori generalmente solitari, dapprima penduli e poi eretti

Corolla strettamente campanulata, quasi tubulosa, azzurro viola, lunga 15-20 mm, con 5 lobi acuti

Foglie caulinari lineari, lunghe 5 cm e larghe 5 mm

Foglie basali spatolato-cuoriformi, lunghe 6-20 mm e larghe 3-7 mm, leggermente dentellate, caduche alla fioritura

- **Fioritura**
  giugno-luglio
- **Habitat**
  boschi montani, rocce, su suolo sia acido che calcareo
- **Altitudine**
  da 1000 a 2400 metri
- **Distribuzione**
  su quasi tutto l'arco alpino
- **Famiglia**
  Ranunculaceae

Clematide alpina

Clematis alpina

Pianta rampicante dai lunghi fusti legnosi e sarmentosi di 1-2 m di altezza, quasi glabra

Fiori grandi, penduli, solitari, lungamente peduncolati

Petali 10-12, corti, spatolati, bianchi

Sepali 4, lunghi 5 cm blu chiaro o blu viola

Foglie opposte, lungamente peduncolate, bi-tripartite in segmenti ovato-lanceolati con il margine dentato

Fiordaliso montano

Cyanus montanus

Pianta di 20-60 cm di altezza dal fusto eretto, tomentoso, costolato longitudinalmente, foglioso

- **Fioritura**
  maggio-agosto
- **Habitat**
  prati, pascoli montani, su suolo poco acido o calcareo
- **Altitudine**
  fino a 2100 metri
- **Distribuzione**
  su gran parte dell'arco alpino eccetto alcune province centrali
- **Famiglia**
  Asteraceae

Fiori in capolino solitario del diametro di 5 cm

Fiori tubulosi, quelli esterni blu, quelli interni rosa

Involucro ovale del diametro di 2-2,5 cm

Brattee verdi o bruno scuro dal bordo nero munito di una corta appendice frangiata

Foglie lanceolate, sessili, generalmente intere, lunghe 8-12 cm e larghe 1-3 cm, verdi biancastre, fortemente tomentose

NOTE

Sovente cresce in grandi gruppi e si propaga per stoloni sotterranei

- **Fioritura**
  giugno-agosto
- **Habitat**
  prati sassosi, ghiaioni, su suolo calcareo
- **Altitudine**
  da 1600 a 2400 metri
- **Distribuzione**
  nelle province di Cuneo e Torino e parte delle Alpi Orientali
- **Famiglia**
  Ranunculaceae

Speronella alpina

Delphinium dubium

Pianta di 40-100 cm di altezza dal fusto eretto, angoloso, pubescente nella parte apicale

Sperone lungo 1,8-2 cm ricurvo a uncino

Fiori in racemo terminale più o meno unilaterale, lungo 10-20 cm

Fiori del diametro di 2,5-3 cm

Petali 5, pubescenti sulla parte esterna, azzurro inteso, quelli laterali lanceolati, quello superiore provvisto di uno sperone

Foglie palmate, del diametro di 6-12 cm, divise in lobi romboidali profondamente dentati

NOTE

Tutta la pianta è velenosa

Miosotide nano

Eritrichium nanum

Pianta di 1-5 cm di altezza, legnosa alla base, ramificata, provvista di lunghi peli setosi. Forma densi cuscinetti del diametro di 5-15 cm

- **Fioritura** luglio-agosto
- **Habitat** vette, creste ventose, rocce, terreni detritici, su suolo povero di calcare
- **Altitudine** da 2500 a 3500 metri
- **Distribuzione** su tutto l'arco alpino eccezion fatta per pochissime province
- **Famiglia** Boraginaceae

Fiori in corto grappolo di 3-7 fiori, dal peduncolo lungo 1-6 cm

Fiori del diametro di 5-8 mm

Petali 5, larghi, arrotondati, azzurro intenso, a volte con sfumature rosa, con la parte centrale gialla o bianca. Calice molto peloso

Foglie lanceolate lunghe 0,5-1 cm, pelose, quelle inferiori in rosette strette circondate dalle foglie dell'anno prima

- **Fioritura**
  luglio-agosto
- **Habitat**
  prati umidi, pascoli, su suolo calcareo
- **Altitudine**
  da 1200 a 2500 metri
- **Distribuzione**
  Alpi Sud Occidentali e Alpi Carniche
- **Famiglia**
  Apiaceae

Regina delle Alpi

Eryngium alpinum

Pianta di 30-70 cm di altezza dal fusto eretto, semplice o poco ramificato alla sommità, glaucescente o violaceo, striato longitudinalmente

Fiori in capolini solitari oblunghi o cilindrici lunghi 3-5 cm, lungamente peduncolati, bianchi

Brattee 10-20, bluastre, viola ametistine, flessibili, a raggiera, strette e completamente sfrangiate, spinose

Foglie caulinari profondamente incise, spinose

Foglie basali poco coriacee, ovoidali-cuoriformi, lunghe 15 cm e larghe 5 cm, irregolarmente dentate, spinose, lungamente peduncolate

Genziana di Koch

Gentiana acaulis

Pianta di 5-12 cm di altezza dal fusto ascendente, quadrangolare, provvisto di un paio di foglie

- **Fioritura**
  maggio-luglio
- **Habitat**
  prati, pascoli alpini soleggiati, su suolo acido
- **Altitudine**
  da 1400 a 2600 metri
- **Distribuzione**
  su tutto l'arco alpino
- **Famiglia**
  Gentianaceae

Fiori solitari, terminali, del diametro di 4-5 cm

Corolla campanulata con tubo lungo 3-4 cm e divisa nella parte apicale in 5 lobi acuminati, azzurro intenso con striature di punti verde oliva all'interno, inframmezzati da piccoli lobuli

Foglie caulinari generalmente 2, alla base del fiore

Foglie in rosetta basale

Foglie basali sessili, lanceolate o ellittiche, lunghe 3,5-6 cm e larghe 1,5-2 cm, coriacee

NOTE

I fiori di questa specie vengono tuttora usati nella preparazione di liquori o vini aromatizzati

- **Fioritura**
  luglio-settembre
- **Habitat**
  pascoli, prati umidi, bordo dei rigagnoli, su suolo calcareo
- **Altitudine**
  da 800 a 2200 metri
- **Distribuzione**
  su tutto l'arco alpino
- **Famiglia**
  Gentianaceae

Genziana asclepiadea

Gentiana asclepiadea

Pianta di 30-50 cm di altezza, glabra, dal fusto semplice, molto foglioso, generalmente eretto ma anche inclinato

Fiori in infiorescenza di 1-5 fiori, sessili, all'ascella delle foglie superiori

Corolla lunga 3-5 cm, campanulata e divisa nella parte apicale in 5 lobi ovali-acuti azzurro scuro all'esterno con bande più chiare e punteggiatura più scura all'interno

Foglie opposte, sessili, ovali-lanceolate, acuminate, arrotondate e un po' a forma di cuore alla base, con 5 nervature

Genziana minore

Gentiana cruciata

Pianta di 15-40 cm di altezza, glabra, dal fusto semplice curvato ascendente, generalmente angoloso, molto foglioso, bruno rossiccio

- **Fioritura**
  luglio-agosto
- **Habitat**
  prati assolati, pascoli, su suolo calcareo
- **Altitudine**
  fino a 2000 metri
- **Distribuzione**
  su tutto l'arco alpino eccezion fatta per pochissime province
- **Famiglia**
  Gentianaceae

Fiori in infiorescenza di 6-10 fiori all'ascella delle foglie superiori

Corolla lunga 2-2,5 cm strettamente campanulata e divisa nella parte apicale in 4 lobi triangolari, blu intenso con sfumature viola verdastre all'esterno, blu chiaro con punteggiatura più scura all'interno

Foglie opposte, sessili, ovali-lanceolate, inguainanti il fusto, verde brillante, lunghe 3-8 cm e larghe 1-2,5 cm con nervature longitudinali

- **Fioritura**
  giugno-agosto
- **Habitat**
  pascoli alpini, praterie, macereti, su suolo calcareo
- **Altitudine**
  da 1600 a 2800 metri
- **Distribuzione**
  su tutto l'arco alpino
- **Famiglia**
  Gentianaceae

Genziana nivale

Gentiana nivalis

Pianta di 3-12 cm di altezza, glabra, dal fusto eretto, foglioso, ramificato alla base

Fiori numerosi, solitari, all'ascella delle foglie superiori, del diametro di 1-2 cm

Corolla con tubo angoloso giallastro alla base

Lobi 5, lanceolati, allargati, azzurri o blu intenso, inframmezzati da piccoli lobuli

Foglie caulinari opposte, lanceolate, lunghe 9 mm e larghe 5 mm

Foglie basali in rosetta, sessili, ovali

Genzianella primaticcia

Gentiana verna

Pianta di 3-10 cm di altezza dal fusto eretto, angoloso, provvisto di 1 o 2 paia di foglie

- **Fioritura**
  aprile-luglio
- **Habitat**
  prati, pascoli alpini, su suolo calcareo
- **Altitudine**
  da 800 a 2800 metri
- **Distribuzione**
  su tutto l'arco alpino
- **Famiglia**
  Gentianaceae

Fiori solitari, terminali, del diametro di 2-2,5 cm

Petali 5, allargati, azzurro blu intenso con la base bianca, inframmezzati da piccoli lobuli

Corolla campanulata, con tubo lungo 2-3 cm

Foglie caulinari più piccole di quelle basali, acuto-lanceolate, con il bordo rivolto verso l'interno

Foglie in rosetta basale

Foglie basali coriacee, ellittiche, lunghe 1,5-2 cm e larghe 5-8 mm

- **Fioritura**
  agosto-settembre
- **Habitat**
  prati magri,
  pascoli aridi,
  su suolo calcareo
- **Altitudine**
  fino a 2500 metri
- **Distribuzione**
  su tutto l'arco alpino
- **Famiglia**
  Gentianaceae

Genziana sfrangiata

Gentianella ciliata

Pianta di 10-25 cm di altezza dal fusto eretto, angoloso, glabro, generalmente non ramificato, foglioso fino alla sommità

Lobi acuti e dentati all'estremità, sfrangiati alla base

Corolla lunga 2-3,5 cm, con 4 lobi blu violetto, dapprima campanulati e poi allargati

Calice profondamente diviso in 4 lobi acuti

Fiori terminali, solitari, elicoidali quando sono ancora chiusi

Foglie sessili, lanceolate lunghe 3-5-cm e larghe 3-4 mm con una sola nervatura

Vedovelle celesti

Globularia cordifolia

Piccolo arbusto di 3-10 cm di altezza, cespuglioso, legnoso, dal portamento prostrato, con fusti ascendenti. Può formare anche estesi tappeti

- **Fioritura**
  maggio-agosto
- **Habitat**
  fenditure delle rocce, pietraie soleggiate, su suolo calcareo
- **Altitudine**
  fino a 2600 metri
- **Distribuzione**
  su tutto l'arco alpino eccezion fatta per pochissime province delle Alpi Centrali
- **Famiglia**
  Plantaginaceae

Fiori in capolini singoli, terminali, globosi, del diametro di 1-1,5 cm, azzurro chiaro o lilla grigio

Corolla lunga 6-8 mm con il labbro inferiore trilobato, più lungo di quello superiore

Foglie in rosette basali, verde scuro, caduche, lunghe 3 cm compreso il peduncolo e larghe 0,4-0,7 cm, spatolate, assottigliate o smussate, con l'apice a forma di cuore

- **Fioritura**
  giugno-luglio
- **Habitat**
  pascoli aridi alpini,
  su suolo calcareo
- **Altitudine**
  da 1500 a 2500 metri
- **Distribuzione**
  provincia di Cuneo
  e Alpi Orientali
- **Famiglia**
  Lamiaceae

Ormino

Horminum pyrenaicum

Pianta di 10-30 cm di altezza, pubescente, dal fusto ascendente, non ramificato

Fiori in infiorescenza generalmente unilaterale

Fiori 2-4, all'ascella delle brattee

Labbro inferiore trilobato con il lobo mediano allargato

Corolla bilabiata lunga 1,5-2 cm viola scuro

Foglie caulinari sessili, lunghe 1-1,5 cm, appuntite

Foglie basali in rosetta, lungamente peduncolate, lunghe 5-6 cm e larghe 4-5 cm, glabre, ovali-arrotondate, con un reticolo ben evidente

Lattuga alpina

Lactuca alpina

Pianta di 60-200 cm di altezza dal fusto eretto, generalmente non ramificato, cavo, foglioso, viola scuro, con peli glandulosi nella parte alta

- **Fioritura**
  giugno-agosto
- **Habitat**
  terreni umidi e in mezz'ombra, lungo corsi d'acqua, boscaglie rade, su suolo calcareo
- **Altitudine**
  da 1000 a 2000 metri
- **Distribuzione**
  su tutto l'arco alpino
- **Famiglia**
  Asteraceae

Fiori in numerosi capolini terminali, raccolti in grappoli lunghi fino a 20 cm

Involucro munito di peli glandulosi bruno rossicci

Fiori ligulati del diametro di 20-28 mm, blu viola

Foglie inferiori glabre, lanceolate, pennate, profondamente incise, dentate, con il lobo terminale ampio e triangolare

Foglie superiori di taglia inferiore, inguainanti il fusto

NOTE

La pianta alla rottura, produce in ogni sua parte del lattice bianco.
Le foglie allo stadio giovanile rientrano in numerose ricette di cucina

- **Fioritura**
  luglio-agosto
- **Habitat**
  pendii rocciosi, prati aridi, pietraie, su suolo calcareo
- **Altitudine**
  da 1500 a 2200 metri
- **Distribuzione**
  su tutto l'arco alpino
- **Famiglia**
  Linaceae

Lino alpino

Linum alpinum

Pianta di 15-30 cm di altezza, glabra, legnosa alla base, dai fusti ascendenti, fogliosi, ramificati all'apice

Fiori in infiorescenza terminale di 2-12 fiori, dapprima pendula e poi eretta alla fioritura

Petali 5, lunghi 1,2-2 cm, azzurro-violetti con striature più scure e con la base gialla

Foglie alterne, strettamente lanceolate, acute, lunghe 2,5 cm

Muscari azzurro

Muscari botryoides

Pianta bulbosa di 10-20 cm di altezza, glabra, dal fusto eretto, solitario

- **Fioritura**
  marzo-maggio
- **Habitat**
  prati, pascoli, margine dei boschi, su suolo calcareo
- **Altitudine**
  fino a 2000 metri
- **Distribuzione**
  su gran parte dell'arco alpino
- **Famiglia**
  Asparagaceae

Fiori in grappolo terminale, conico, lungo 3-4 cm

Fiori rotondo-campanulati, del diametro di 3-4 mm, azzurri o viola, orlati da piccoli denti bianchi

Foglie 2-4, lineari, glaucescenti, lunghe 10-15 cm e larghe 4-8 mm, piane o con il bordo rivolto verso l'interno, in ogni caso sempre più corte del fusto

- **Fioritura**
  luglio-agosto
- **Habitat**
  prati, pascoli alpini, fenditure delle rocce, su suolo acido
- **Altitudine**
  da 2000 a 3000 metri
- **Distribuzione**
  Alpi Occidentali e qualche provincia delle Alpi Centrali
- **Famiglia**
  Campanulaceae

Raponzolo piemontese

Phyteuma globulariifolium
subsp. *pedemontanum*

Pianta di 2-8 cm di altezza dal fusto glabro, provvisto di 1-4 foglie, oppure privo di esse

Fiori tubulosi blu lilla lunghi 1 cm con 5 petali nastriformi

Fiori in capolini sferici terminali di 4-7 fiori, del diametro di 1-1,5 cm

Petali dapprima saldati sia alla base che all'estremità, si separano durante la fioritura

Foglie lanceolate, con il bordo rivolto verso l'interno, cigliate sul bordo

Foglie in rosette basali

Raponzolo alpino

Phyteuma hemisphaericum

Pianta di 5-9 cm di altezza dai numerosi fusti eretti, glabri, con generalmente una sola foglia

- **Fioritura**
  luglio-agosto
- **Habitat**
  pascoli alpini, prati, fenditure delle rocce, su suolo acido
- **Altitudine**
  da 1600 a 2600 metri
- **Distribuzione**
  su tutto l'arco alpino
- **Famiglia**
  Campanulaceae

Fiori in capolini sferici terminali di 10-12 fiori, del diametro di 1-1,5 cm

Fiori tubulosi blu lilla lunghi 1-1,5 cm con 5 petali nastriformi

Petali dapprima saldati sia alla base che all'estremità, si separano durante la fioritura

Foglie caulinari generalmente una di taglia minore

Foglie basali sessili, lineari lunghe 4-6 cm e larghe 1-2 mm, intere, glabre

- **Fioritura**
  giugno-agosto
- **Habitat**
  prati, pascoli,
  su suolo calcareo
- **Altitudine**
  da 800 a 2400 metri
- **Distribuzione**
  su tutto l'arco alpino
- **Famiglia**
  Campanulaceae

Raponzolo orbicolare

Phyteuma orbiculare

Pianta di 10-40 cm di altezza dal fusto eretto, glabro, striato longitudinalmente

Fiori in capolini sferici terminali di 15-40 fiori, del diametro di 1,5-2,5 cm

Fiori tubulosi blu lilla lunghi 1-1,5 cm con 5 petali nastriformi

Petali dapprima saldati sia alla base che all'estremità, si separano durante la fioritura

Foglie caulinari più strette, sessili, di taglia inferiore rispetto a quelle basali, seminguainanti il fusto

Foglie basali peduncolate, lanceolate lunghe 6-8 cm e larghe 1,5-2,5 cm, arrotondate alla base, dentate

Erba unta comune

Pinguicula vulgaris

Pianta carnivora di 5-15 cm di altezza dal fusto eretto, scuro, vellutato, non foglioso

- **Fioritura**
  maggio-luglio
- **Habitat**
  bordo dei ruscelli, acquitrini, rocce con stillicidio, zone umide, su suolo calcareo o poco acido
- **Altitudine**
  da 1200 a 2300 metri
- **Distribuzione**
  su tutto l'arco alpino
- **Famiglia**
  Lentibulariaceae

Fiori solitari lunghi 1,5-2,5 cm compreso lo sperone, provvisti di un peduncolo lungo 5-15 cm

Sperone sottile lungo 3-6 mm

Corolla blu-viola, bilabiata formata da 5 lobi, 2 superiori e 3 inferiori più lunghi provvisti di peli glandulosi e di una macchia centrale bianca

Foglie in rosetta basale, lunghe 4-8 cm, ovali, glabre, con i bordi rivolti verso l'interno, verde chiaro, spesse e grasse, dalla superficie brillante per le numerose glandule viscose che trattengono e digeriscono piccoli insetti

- **Fioritura**
  giugno-luglio
- **Habitat**
  pascoli alpini,
  su suolo acido
- **Altitudine**
  da 1000 a 2500 metri
- **Distribuzione**
  Alpi Sud Occidentali
- **Famiglia**
  Ranunculaceae

Anemone di Haller

Pulsatilla halleri

Pianta di 10-30 cm di altezza dal fusto eretto, legnoso alla base, densamente peloso

Tepali 6, rosa o violacei, tomentosi sulla parte esterna

Fiori solitari, apicali del diametro di 5-8 cm

Foglie caulinari lineari, lunghe 1-2 cm, con peli lanosi, formano un verticillo alla base dei fiori

Foglie basali che si sviluppano dopo la fioritura, pennatosette, profondamente divise

Scilla bifoglia

Scilla bifolia

Pianta bulbosa di 10-20 cm di altezza, glabra, dal fusto eretto, gracile, marrone rossiccio

- **Fioritura**
  marzo-maggio
- **Habitat**
  boschi radi, prati, su suolo piuttosto calcareo
- **Altitudine**
  fino a 2000 metri
- **Distribuzione**
  su quasi tutto l'arco alpino
- **Famiglia**
  Asparagaceae

Fiori in grappolo lasso, terminale di 2-9 fiori

Fiori del diametro di 1-1,6 cm

Tepali 6, blu, più raramente rosa o bianchi, a forma di stella, stretti, lunghi 6-8 mm

Foglie basali lanceolate, generalmente 2, inguainanti il fusto nella sua metà inferiore, lunghe 10-15 cm e larghe 1-1,2 cm, con l'apice racchiuso a cappuccio

- **Fioritura**
giugno-agosto
- **Habitat**
rocce, pendii rocciosi soleggiati, su suolo calcareo
- **Altitudine**
da 1500 a 2500 metri
- **Distribuzione**
su gran parte dell'arco alpino
- **Famiglia**
Lamiaceae

Scutellaria delle Alpi

Scutellaria alpina

Pianta di 10-30 cm di altezza, leggermente tomentosa, dal fusto ramificato, prostrato-ascendente, legnoso alla base, a sezione quadrangolare

Fiori in densa spiga terminale quadrangolare

Corolla bilabiata blu viola lunga 2,5-3 cm

Fiori all'ascella delle brattee

Labbro superiore tomentoso a forma di casco

Labbro inferiore biancastro

Brattee verde pallido o violette

Foglie opposte, ovali, cuoriformi o arrotondate alla base, lunghe 2-3 cm, più o meno pubescenti, con il margine dentato

Soldanella

Soldanella alpina

Pianta di 5-12 cm di altezza, dal fusto glabro, privo di foglie, incurvato alla sommità, bruno-rossiccio

- **Fioritura**
  aprile-luglio, in ogni caso subito dopo lo sciogliersi delle nevi
- **Habitat**
  prati umidi, boschi luminosi, vallette nivali, su suolo calcareo
- **Altitudine**
  da 1000 a 2600 metri
- **Distribuzione**
  su tutto l'arco alpino
- **Famiglia**
  Primulaceae

Fiori in gruppi di 2-3

Corolla campanulata, reclinata, lunga 1-1,5 cm, viola o blu viola, frangiata fino a metà del fiore

Foglie tutte basali, verde scuro, da rotonde a reniformi, del diametro di 1-3 cm, coriacee, intere, lungamente peduncolate, con nervature pronunciate

- **Fioritura**
  luglio-agosto
- **Habitat**
  prati asciutti e soleggiati, luoghi sassosi, su suolo acido
- **Altitudine**
  da 1800 a 2700 metri
- **Distribuzione**
  Alpi Sud Occidentali e Valle d'Aosta
- **Famiglia**
  Plantaginaceae

Veronica di Allioni

Veronica allionii

Pianta di 5-15 cm di altezza dai fusti striscianti, appena ascendenti, glabri, leggermente legnosi lunghi 10-30 cm, fogliosi

Fiori in spiga compatta di 30-60 fiori

Corolla del diametro di 8-12 mm, blu scuro o blu violetto

Foglie spesse, coriacee, opposte, brevemente peduncolate, ovali-arrotondate, ripiegate lungo la nervatura centrale

NOTE

Questa specie è abbastanza conosciuta in alcune vallate, soprattutto dalle persone più anziane, con il nome di "the di montagna" per il suo utilizzo sottoforma di infusione

Veronica a foglie di margherita

Veronica bellidioides

Pianta di 5-15 cm di altezza, dal fusto eretto, tomentoso, solitario, poco foglioso

- **Fioritura**
  luglio-agosto
- **Habitat**
  prati rocciosi alpini, su suolo acido
- **Altitudine**
  da 1500 a 2800 metri
- **Distribuzione**
  su tutto l'arco alpino
- **Famiglia**
  Plantaginaceae

Fiori in corto grappolo terminale di 3-10 fiori

Foglie caulinari 2-3 paia, opposte, sessili

Calice con peli glandulosi

Fiori del diametro di 6-9 mm

Foglie basali in rosette, obovate, pubescenti, leggermente dentate

- **Fioritura**
  maggio-agosto
- **Habitat**
  ghiaioni, pendii sassosi aridi, spaccature delle rocce, su suolo sia acido che calcareo
- **Altitudine**
  da 1000 a 2500 metri
- **Distribuzione**
  su tutto l'arco alpino
- **Famiglia**
  Plantaginaceae

Veronica fruticosa

Veronica fruticans

Pianta di 5-25 cm di altezza, legnosa, ramificata alla base, dal fusto ascendente, pubescente

Viola montana

Viola calcarata

Pianta di 3-10 cm di altezza, glabra o con pochi peli sparsi, dal fusto corto e fragile, eretto

- **Fioritura**
  maggio-agosto
- **Habitat**
  prati, pascoli, su suolo calcareo
- **Altitudine**
  da 1300 a 2400 metri
- **Distribuzione**
  su quasi tutto l'arco alpino eccezion fatta la parte orientale
- **Famiglia**
  Violaceae

Fiori singoli, lungamente peduncolati del diametro di 2,5-4 cm, generalmente violetti, più raramente gialli, bianchi o multicolori, con venature più scure e con la gola gialla

Petali 5, di cui 4 rivolti verso l'alto e il quinto verso il basso

Sperone gracile lungo 8-15 mm

Foglie tutte basali, spesso in rosetta, da ovali a lanceolate con il bordo sovente dentato

NOTE

Questa specie è sempre stata raccolta anche in grandi quantità per le sue proprietà sudorifere, calmanti contro la tosse e espettoranti

- **Fioritura**
  giugno-agosto
- **Habitat**
  ghiaioni poco stabilizzati, macereti, su suolo calcareo
- **Altitudine**
  da 1500 a 2800 metri
- **Distribuzione**
  Alpi Occidentali
- **Famiglia**
  Violaceae

Viola del Moncenisio

Viola cenisia

Pianta di 3-10 cm di altezza dal fusto gracile, strisciante trai sassi, foglioso all'apice

Fiori peduncolati, del diametro di 2-2,5 cm, viola lilla

Petali 5, quello inferiore generalmente più grande e con una macchia gialla alla gola

Sperone sottile lungo 5-8 mm

Foglie glabre o tomentose, intere, ovali o oblunghe, peduncolate, lunghe 1 cm, verde chiaro o verde grigiastro

Viola di Valdieri

Viola valderia

- **Fioritura** giugno-agosto
- **Habitat** pascoli magri, macereti, su suolo acido
- **Altitudine** da 1200 a 2400 metri
- **Distribuzione** endemica delle Alpi Marittime
- **Famiglia** Violaceae

Pianta di 5-10 cm di altezza pubescente, dal fusto ascendente o prostrato, ramificato alla base, foglioso

Fiori lungamente peduncolati, del diametro di 2-2,5 cm, viola lilla

Petali 5, di cui 4 rivolti verso l'alto e il quinto verso il basso

Sperone sottile, ricurvo, lungo 7-10 mm

Foglie superiori più grandi, strettamente ellittiche

Foglie inferiori ovali o ellittiche lunghe 1,5-2 cm

- **Fioritura**
  luglio-settembre
- **Habitat**
  prati asciutti, pendii rocciosi soleggiati, su suolo calcareo
- **Altitudine**
  fino a 2200 metri
- **Distribuzione**
  su quasi tutto l'arco alpino
- **Famiglia**
  Ranunculaceae

Aconito antora

Aconitum anthora

Pianta di 20-90 cm di altezza dal fusto eretto, pubescente, foglioso fino all'infiorescenza

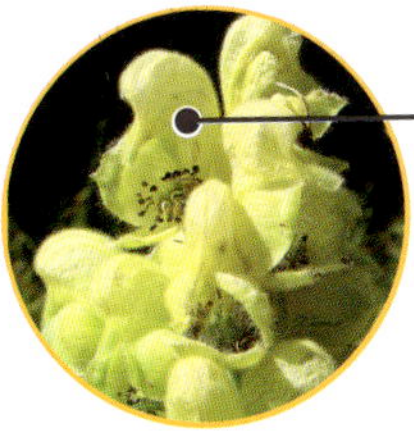

Fiori in racemo semplice o raramente ramificato

Sepali 5, gialli, pubescenti, quello superiore a forma di elmo lungo 1,5-2,5 cm

Foglie palmate, divise in 5-7 lobi profondamente incisi, stretti, larghi al massimo 2 mm

NOTE

Tutta la pianta è altamente velenosa

Luparia

Aconitum lycoctonum subsp. *vulparia*

Pianta di 40-120 cm di altezza dal fusto eretto o ascendente, foglioso, ramificato e leggermente pubescente nella parte alta

- **Fioritura**
  giugno-agosto
- **Habitat**
  macereti, prati freschi e ricchi di sostanze nutritive, su suolo neutro
- **Altitudine**
  fino a 2400 metri
- **Distribuzione**
  su quasi tutto l'arco alpino
- **Famiglia**
  Ranunculaceae

Fiori in spiga terminale di 10-20 fiori, spesso glandulosa

Fiori giallo pallido del diametro di 2-3 cm

Sepali irregolari di cui il superiore a forma di elmo stretto, molto più lungo che largo

Foglie palmate, del diametro di 15 cm, divise in lobi romboidali anch'essi divisi, dentati all'apice

NOTE

Tutta la pianta è altamente velenosa. Il suo nome deriva dall'uso che in passato veniva fatto per eliminare volpi e lupi

- **Fioritura**
  giugno-agosto
- **Habitat**
  pendii sassosi,
  ghiaioni,
  su suolo calcareo
- **Altitudine**
  da 1500
  a 2800 metri
- **Distribuzione**
  nelle sole province
  di Cuneo e Torino
- **Famiglia**
  Brassicaceae

Alisso alpestre

Alyssum alpestre

Pianta di 5-15 cm di altezza dai fusti prostrato-ascendenti, legnosi e ramificati alla base

Fiori in racemo apicale generalmente ramificato

Fiori giallo oro del diametro di 3-6 mm

Petali 4, arrotondati

Foglie spatolate, alterne, lunghe 4-7 mm e larghe 1,5-3,5 mm

Pagina superiore grigiastra per la presenza di peli stellati

Pagina inferiore tomentosa

Androsace gialla

Androsace vitaliana

Pianta di 2-5 cm di altezza con fusti leggermente legnosi, striscianti, che formano cuscinetti lassi

- **Fioritura**
  giugno-luglio
- **Habitat**
  praterie aperte, creste, fessure delle rocce, luoghi sassosi, su suolo acido
- **Altitudine**
  da 1700 a 3000 metri
- **Distribuzione**
  Alpi Occidentali e parte di quelle Orientali
- **Famiglia**
  Primulaceae

Fiori 1-5, all'ascella delle foglie

Corolla del diametro di 8-14 mm, gialla con 5 lobi arrotondati

Foglie intere, strettamente lanceolate, verdi o verde grigio, lunghe 3-12 mm e larghe 1 mm, tomentose

Foglie in rosette sovrapposte lungo tutto il fusto

- **Fioritura**
giugno-agosto
- **Habitat**
prati rocciosi, pascoli soleggiati, su suolo calcareo
- **Altitudine**
da 1200 a 2600 metri
- **Distribuzione**
su tutto l'arco alpino
- **Famiglia**
Fabaceae

Vulneraria comune

Anthyllis vulneraria subsp. *alpestris*

Pianta di 8-15 cm di altezza dai fusti prostrato-ascendenti, legnosi alla base, pelosi, rossastri

Fiori in capolino solitario, terminale del diametro di 3-4 cm

Fiori papilionacei giallo oro

Calice rigonfio densamente peloso

Brattee palmate

Foglie imparipennate con la fogliolina apicale molto più grande delle foglioline laterali

Arnica

Arnica montana

Pianta di 20-50 cm di altezza, pubescente, dal fusto eretto, semplice o con una coppia di rami opposti nella parte sommitale

- **Fioritura** giugno-agosto
- **Habitat** prati, pascoli, boschi radi, su suolo acido
- **Altitudine** da 700 a 2800 metri
- **Distribuzione** su tutto l'arco alpino
- **Famiglia** Asteraceae

Fiori in capolino solitario o all'apice di ciascun ramo, del diametro di 4-6 cm

Fiori ligulati della circonferenza giallo o giallo tuorlo d'uovo

Fiori centrali tubulosi giallo aranciato

Foglie caulinari più piccole 1-2 paia, opposte, sessili, tomentose

Foglie basali opposte a croce, ovali-lanceolate, lunghe 10-15 cm e larghe 2-4 cm, intere, sessili, tomentose

NOTE

La pianta è conosciuta soprattutto per le sue proprietà omeopatiche nel trattamento di contusioni, ematomi, dolori muscolari. A forti dosi risulta comunque tossica

- **Fioritura**
  luglio-agosto
- **Habitat**
  fessure delle rocce, ghiaioni, morene, su suolo acido
- **Altitudine**
  da 1800 a 3200 metri
- **Distribuzione**
  Alpi Sud Occidentali
- **Famiglia**
  Asteraceae

Genepì nero

Artemisia glacialis

Pianta di 5-15 cm di altezza, che forma cuscinetti del diametro di 6-15 cm, legnosa alla base, grigio tomentosa, lucida con fusti ascendenti solitari, biancastri

Fiori tutti tubulosi, giallo oro

Fiori in corimbo terminale globoso formato da capolini del diametro di 4-6 mm, composti da 30-40 fiori

Foglie caulinari simili a quelle basali ma di taglia minore, digitate, ma con meno segmenti

Foglie basali in rosette

Foglie peduncolate, bianche tomentose su entrambe le pagine, lunghe 5 cm, ovali, digitate, divise in 5 segmenti suddivisi a loro volta in 3 lobi

NOTE

Questa specie chiamata volgarmente "genepì femmina", anche se meno pregiata della sua cugina chiamata "genepì maschio", che raggruppa per altro più di una specie del medesimo genere, viene usata per la fabbricazione di liquori

Genepì bianco

Artemisia umbelliformis

Pianta di 6-20 cm di altezza, tomentosa, setosa, con fusti legnosi alla base, prostrato-ascendenti, non ramificati, fogliosi

- **Fioritura**
  luglio-agosto
- **Habitat**
  rocce, ghiaioni, morene, su suolo generalmente calcareo
- **Altitudine**
  da 1800 a 3200 metri
- **Distribuzione**
  su tutto l'arco alpino
- **Famiglia**
  Asteraceae

Fiori in capolino sia terminale che all'ascella delle foglie superiori, del diametro di 3-5 mm

Fiori tutti tubulosi, giallo oro, pelosi all'estremità

Involucro con brattee tomentose, bordate di scuro

Foglie peduncolate, bianche tomentose su entrambe le pagine, digitate, divise in 3-5 segmenti suddivisi a loro volta in 2-3 lobi

NOTE

Questa specie chiamata volgarmente "genepì maschio", viene usata per la fabbricazione di liquori

- **Fioritura**
  aprile-giugno
- **Habitat**
  prati umidi, stagni, sponde dei corsi d'acqua, terreni paludosi, acquitrini, su suolo neutro
- **Altitudine**
  fino a 2500 metri
- **Distribuzione**
  su tutto l'arco alpino
- **Famiglia**
  Ranunculaceae

Calta palustre

Caltha palustris

Pianta di 10-50 cm di altezza, dal fusto eretto, ramificato, tubuloso, glabro, foglioso, striato longitudinalmente

Campanula gialla

Campanula thyrsoides

Pianta di 10-50 cm di altezza dal fusto robusto, eretto, solitario, densamente foglioso, villoso, di colore rossastro

- **Fioritura** giugno-agosto
- **Habitat** pascoli montani sassosi, soleggiati, aridi, su suolo calcareo
- **Altitudine** da 1500 a 2600 metri
- **Distribuzione** su gran parte dell'arco alpino
- **Famiglia** Campanulaceae

Fiori in grossa spiga terminale molto compatta lunga 15-20 cm

Fiori sessili, campanulati, giallo pallido o biancastri, lunghi 1,5-2,5 cm

Corolla con lunghi peli divisa in lobi ovali acuti

Foglie numerose, embricate, sessili, lanceolate, con il bordo intero e ondulato, villose, quelle basali lunghe 8-15 cm e larghe 1 cm, quelle superiori di dimensioni più ridotte

- **Fioritura**
  maggio-luglio
- **Habitat**
  pendii pietrosi, boscaglie umide, malghe, su suolo calcareo
- **Altitudine**
  da 1200 a 2200 metri
- **Distribuzione**
  su gran parte dell'arco alpino
- **Famiglia**
  Boraginaceae

Erba vaiola alpina

Cerinthe glabra

Pianta di 30-50 cm di altezza, glabra, pruinosa, dai fusti ascendenti, ramificati nella parte superiore

Fiori in racemo unilaterale

Foglie caulinari sessili, cuoriformi o ottuse, inguainanti il fusto, glauche

Corolla tubulosa gialla con la parte mediana viola-brunastro, lunga 1,2 cm, con piccoli lobi appuntiti, rivolti all'esterno

Foglie basali lanceolate lunghe 15-20 cm e larghe 4-6 cm

Citiso peloso

Chamaecytisus hirsutus subsp. *pumilus*

Pianta di 5-25 cm di altezza, tomentosa, dai fusti prostrato-ascendenti, legnosi alla base, fogliosi

- **Fioritura**
  maggio-giugno
- **Habitat**
  prati aridi, pendii assolati, preferibilmente su suolo acido
- **Altitudine**
  fino a 2000 metri
- **Distribuzione**
  nella sola provincia di Cuneo
- **Famiglia**
  Fabaceae

Fiori papilionacei, gialli e rosa, in racemo foglioso

Vessillo bilobato rosa pallido o giallo con striature più scure

Calice porpora densamente pubescente

Foglie trifogliate, con foglioline lanceolate lunghe 1-1,5 cm e larghe 4-7 mm, pubescenti sulla pagina inferiore

- **Fioritura**
  giugno-agosto
- **Habitat**
  prati, pascoli, su suolo sia calcareo che acido
- **Altitudine**
  da 1500 a 2900 metri
- **Distribuzione**
  su quasi tutto l'arco alpino
- **Famiglia**
  Asteraceae

Radicchiella aranciata

Crepis aurea

Pianta 5-20 cm di altezza dal fusto eretto, solitario, pubescente, glanduloso alla sommità, non foglioso

Fiori in capolino terminale del diametro di 2-3 cm

Involucro e parte apicale del fusto densamente coperti di peli neri

Fiori tutti ligulati giallo aranciato o rosso aranciato

Foglie in rosetta basale, lanceolato-spatolate, lunghe 5-6 cm e larghe 1-2 cm, glabre, dentate

Scarpetta di Venere

Cypripedium calceolus

Pianta di 20-50 cm di altezza dal fusto eretto, cilindrico, flessuoso, pubescente, in gran parte foglioso

- **Fioritura**
  maggio-luglio
- **Habitat**
  boschi di latifoglie (soprattutto faggete), conifere, radure, su suolo calcareo
- **Altitudine**
  da 700 a 2000 metri
- **Distribuzione**
  su quasi tutto l'arco alpino eccezion fatta per pochissime province
- **Famiglia**
  Orchidaceae

Fiori all'apice del fusto, generalmente solitari o più raramente 2, del diametro di 6-9 cm

Tepali 3, brunastro porpora scuro, lunghi 3,5-5 cm, allargati, lanceolati acuminati, sovente spiralati, il mediano posto sopra il labello, gli altri due rivolti verso il basso

Labello lungo 4-5 cm, rigonfio, a forma di pantofola, giallo vivo all'esterno, macchiettato di bruno rossiccio all'interno, munito di peli viscosi, profumati

Foglie solo caulinari, 3-5, sessili, ovato-lanceolate, lunghe 12-18 cm e larghe 7-9 cm, verde lucido, alterne, inguainanti il fusto, con evidenti nervature longitudinali

NOTE

Il labello di questa specie, grazie alla sua particolare forma, è una vera e propria trappola per gli insetti che vi entrano

- **Fioritura**
  luglio-agosto
- **Habitat**
  bordo delle strade, muri, prati aridi, rocce, su suolo acido
- **Altitudine**
  da 1500 a 2500 metri
- **Distribuzione**
  Alpi Occidentali
- **Famiglia**
  Brassicaceae

Hugueninia comune

Descurainia tanacetifolia

Pianta di 20-100 cm di altezza, dal fusto eretto, foglioso, ramificato e tomentoso nella parte apicale

Fiori in grappolo terminale

Fiori del diametro di 4-7 mm giallo limone

Foglie lunghe fino a 20 cm, pennatosette, profondamente divise in 8-12 paia di segmenti strettamente lanceolati, dentati

- **Fioritura** giugno-agosto
- **Habitat** margine dei boschi, pietraie, bordo dei sentieri, su suolo calcareo
- **Altitudine** fino a 1500 metri
- **Distribuzione** su quasi tutto l'arco alpino
- **Famiglia** Plantaginaceae

Digitale maggiore

Digitalis grandiflora

Pianta di 50-100 cm di altezza dal fusto eretto, foglioso fino all'apice, non ramificato

Fiori in grappolo unilaterale

Lobi del calice lanceolati

Corolla campanulata, bilabiata, lunga 4-5 cm, gialla con l'interno punteggiato di marrone chiaro, provvista di peli glandulosi

Foglie ovali-lanceolate, quelle basali lunghe fino a 25 cm e larghe 4-5 cm, dentellate

Pagina superiore glabra, brillante

Pagina inferiore tomentosa

NOTE

Questa specie, pur utilizzata in medicina, contiene delle sostanze tossiche

- **Fioritura**
  giugno-agosto
- **Habitat**
  pendii rocciosi, bordo dei sentieri su suolo calcareo
- **Altitudine**
  da 800 a 2000 metri
- **Distribuzione**
  su tutto l'arco alpino
- **Famiglia**
  Plantaginaceae

Digitale minore

Digitalis lutea

Pianta di 50-80 cm di altezza dal fusto eretto, glabro, foglioso fino all'apice, non ramificato

Fiori in grappolo unilaterale

Labbro superiore diviso in 2 lobi eretti

Corolla campanulata, bilabiata, lunga 2-2,5 cm, giallo pallido, provvista di una sorta di barba al suo interno, con peli glandulosi all'esterno

Foglie lanceolate, lunghe 8-14 cm e larghe 2-3 cm, finemente dentate, con il bordo cigliato

NOTE

Questa specie, pur utilizzata in medicina, contiene delle sostanze tossiche

Doronico dei macereti

Doronicum grandiflorum

Pianta di 10-40 cm di altezza dal fusto eretto o ascendente, tomentoso

- **Fioritura**
  luglio-agosto
- **Habitat**
  pietraie, prati, vallette nivali, su suolo calcareo
- **Altitudine**
  da 1300 a 2500 metri
- **Distribuzione**
  su tutto l'arco alpino
- **Famiglia**
  Asteraceae

- **Fioritura**
  aprile-agosto
- **Habitat**
  spaccature delle rocce, prati, su suolo calcareo
- **Altitudine**
  da 1600 a 3000 metri
- **Distribuzione**
  su tutto l'arco alpino eccezion fatta per pochissime province
- **Famiglia**
  Brassicaceae

Draba azoide

Draba aizoides

Pianta di 5-10 cm di altezza, dallo stelo non ramificato, glabro. Può formare morbidi cuscinetti

Fiori 5-18, del diametro di 4-8 mm riuniti in corimbo apicale

Petali gialli che sbiadiscono con la fioritura

Foglie tutte basali in dense rosette

Foglie strette, rigide, lunghe 2 cm, con il bordo cigliato

Violaciocca piemontese

Erysimum jugicola

Pianta di 5-25 cm di altezza, tomentosa, dal fusto eretto o ascendente, solitario, foglioso

- **Fioritura**
  giugno-agosto
- **Habitat**
  pietraie, prati aridi, su suolo calcareo
- **Altitudine**
  da 1100 a 3000 metri
- **Distribuzione**
  Alpi Sud Occidentali
- **Famiglia**
  Brassicaceae

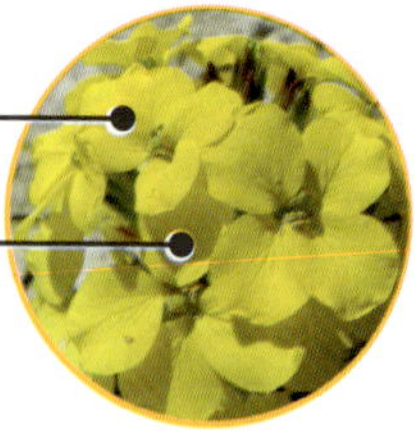

Fiori in infiorescenza di 5-17 fiori

Petali 4, giallo intenso lunghi 1,4-2 cm e larghi 5-10 mm

Foglie caulinari alterne, lineari, sovente dentate

Foglie basali spatolate lunghe 1-5 cm e larghe 2-5 mm

- **Fioritura**
  aprile-luglio
- **Habitat**
  pascoli alpini e prati montani sia umidi che aridi, su suolo da neutro a calcareo
- **Altitudine**
  da 1500 a 2300 metri
- **Distribuzione**
  provincia di Cuneo, valle d'Aosta e poche altre nelle Alpi Centrali
- **Famiglia**
  Liliaceae

Meleagride di Moggridge

Fritillaria tubiformis subsp. *moggridgei*

Pianta bulbosa di 20-30 cm di altezza dal fusto eretto, foglioso solo nella metà superiore

Fiori terminali, solitari, sempre reclinati, campanulati, lunghi fino a 5 cm

Tepali 6, arrotondati o appena appuntiti all'apice, gialli con una tipica macchiettatura a scacchiera bruno-violetto

Foglie tutte caulinari, alterne, strettamente lanceolate, lunghe fino a 10 cm e larghe 0,5-1 cm, glauche, abbastanza spesse, scanalate

Cipollaccio fistoloso

Gagea liotardii

Pianta bulbosa di 5-15 cm di altezza con fiori e foglie che si sviluppano direttamente dal bulbo

- **Fioritura**
  aprile-giugno
- **Habitat**
  prati ricchi di sostanze nutritive, su suolo acido
- **Altitudine**
  da 1500 a 2800 metri
- **Distribuzione**
  su quasi tutto l'arco alpino
- **Famiglia**
  Liliaceae

Fiori in infiorescenza di 2-3 fiori

Fiori del diametro di 1,8-3 cm, stellati

Tepali 6, giallo intenso sulla faccia superiore, verdastri sulla faccia inferiore

Peduncolo florale peloso

Foglie basali 1-2 strettamente lineari, semicilindriche, glabre, larghe 2-3 mm, più strette in ogni caso di quelle caulinari, fistolose

Foglie caulinari 2 inserite un po' sotto l'infiorescenza

- **Fioritura**
  maggio-agosto
- **Habitat**
  prati soleggiati, pascoli, bordo dei boschi, ma anche in zone umide, su suolo sia acido che calcareo
- **Altitudine**
  fino a 1800 metri
- **Distribuzione**
  su tutto l'arco alpino
- **Famiglia**
  Fabaceae

Ginestra dei tintori

Genista tinctoria

Pianta di 30-50 cm di altezza glabra o pubescente nella parte superiore, dai fusti eretti o ascendenti, più o meno legnosi, verdi, angolosi, striati longitudinalmente, fogliosi, privi di spine

NOTE

Tutte le sue parti contengono delle sostanze che producono un colorante giallo usato fin dall'antichità per tingere i tessuti

Genziana maggiore

Gentiana lutea

Pianta di 50-120 cm di altezza, robusta, glabra, glauca, dal fusto eretto, cilindrico, cavo, non ramificato e provvista di lunghe radici carnose

- **Fioritura**
  giugno-agosto
- **Habitat**
  pascoli montani, prati, luoghi sassosi, su suolo piuttosto calcareo
- **Altitudine**
  fino a 2500 metri
- **Distribuzione**
  nelle Alpi Occidentali e Centrali, manca nelle Alpi Orientali
- **Famiglia**
  Gentianaceae

Fiori in gruppi all'ascella delle foglie superiori

Corolla gialla, stellata, del diametro di 2-3 cm, divisa in 5-9 lobi saldati solamente alla base

Foglie opposte, quelle basali peduncolate, le superiori sessili, inguainanti il fusto

Foglie largamente lanceolate, glaucescenti, lunghe fino a 30 cm e larghe 5-15 cm con 5-7 nervature convergenti

NOTE

Differisce dal Veratrum album *per le sue foglie opposte e non alterne*
La pianta è conosciuta soprattutto per la preparazione di liquori ottenuti dalle sue radici

- **Fioritura**
  luglio-agosto
- **Habitat**
  pascoli, pietraie, cespuglieti, su suolo generalmente calcareo ma anche acido
- **Altitudine**
  fino a 2500 metri
- **Distribuzione**
  su tutto l'arco alpino
- **Famiglia**
  Gentianaceae

Genziana punteggiata

Gentiana punctata

Pianta di 20-60 cm di altezza dal fusto eretto o ascendente, robusto, cavo, quadrangolare, sovente rossiccio all'apice, non ramificato

Fiori in gruppi all'ascella delle foglie superiori e all'apice, giallo pallido punteggiati di marrone rossiccio

Corolla campanulata lunga 2-3,5 cm, divisa all'apice in 5-8 lobi irregolari

Foglie caulinari sessili, inguainanti il fusto

Foglie opposte, largamente lanceolate, lunghe 7-12 cm e larghe 4-6 cm, con 5-7 nervature convergenti

Cariofillata montana

Geum montanum

Pianta di 5-25 cm di altezza, tomentosa, dal fusto ascendente, foglioso

- **Fioritura**
  maggio-luglio
- **Habitat**
  prati, pascoli, luoghi sassosi, su suolo acido
- **Altitudine**
  da 1800 a 2600 metri
- **Distribuzione**
  su tutto l'arco alpino
- **Famiglia**
  Rosaceae

Fiori solitari del diametro di 3-5 cm, petali 6, giallo oro

Stami numerosi giallo oro

Foglie in rosette basali scarsamente peduncolate, pennate, crenate, spatolate, provviste di peli scarsi, larghe 3-4 cm e lunghe 12 cm con segmento apicale cuoriforme intero o profondamente trilobato

Semi numerosi acheni piumosi lunghi 2-3 cm che a maturità formano un ciuffo spiralato

- **Fioritura**
  luglio-agosto
- **Habitat**
  pietraie, rocce, ghiaioni su suolo acido
- **Altitudine**
  da 1500 a 3000 metri
- **Distribuzione**
  su tutto l'arco alpino
- **Famiglia**
  Rosaceae

Cariofillata delle pietraie

Geum reptans

Pianta di 5-20 cm di altezza, dal portamento prostrato-ascendente, dai fusti poco fogliosi, con stoloni aerei bruno rossicci lunghi 20-30 cm, ma anche fino a 1 metro

Fiori solitari del diametro di 3-4 cm

Petali 5-6 giallo oro, arrotondati all'apice

Foglie in rosetta basale

Foglie lanceolato-spatolate, pennatosette, con 4-6 paia di foglioline divise in 3-4 lobi e una terminale tripartita

Stoloni aerei

NOTE

Questa specie si riproduce grazie agli stoloni aerei che riescono a superare anche grosse rocce per cercare un punto dove fissare le loro radici

Semi numerosi acheni piumosi lunghi 2-3 cm che formano a maturità un batuffolo spiralato bruno porpora chiaro

Eliantemo maggiore

Helianthemum nummularium

- **Fioritura** giugno-agosto
- **Habitat** prati rocciosi, su suolo calcareo
- **Altitudine** fino a 2800 metri
- **Distribuzione** su tutto l'arco alpino
- **Famiglia** Cistaceae

Pianta di 15-30 cm di altezza, dai fusti prostrato-ascendenti, legnosi alla base, tomentosi nella parte alta

Fiori del diametro di 1,6-2,4 cm giallo intenso, più raramente bianchi o rosa

Petali 5, fragili, dall'aspetto stropicciato

Stipole all'ascella delle foglie

Foglie opposte, lineari, lunghe 4 cm, tomentose, munite di stipole

Fiori in grappolo terminale, unilaterale, pendulo di 4-7 fiori, densamente peloso

- **Fioritura**
  giugno-agosto
- **Habitat**
  pietraie, prati rocciosi, su suolo calcareo
- **Altitudine**
  fino a 2700 metri
- **Distribuzione**
  nelle province di Cuneo e Torino e poche altre nelle Alpi Centrali
- **Famiglia**
  Cistaceae

Eliantemo alpestre

Helianthemum oelandicum subsp. *alpestre*

Pianta di 5-15 cm di altezza dai fusti prostrato-ascendenti, legnosi alla base, sovente rossicci

Fiori in grappolo terminale di 2-5 fiori, dapprima pendulo e poi eretto, densamente peloso

Fiori del diametro di 1,2-1,8 cm

Petali 5, cuoriformi, giallo carico con una sfumatura più scura alla base

Foglie ellittiche, lunghe 6-15 mm e larghe 2-5 mm, sparsamente villose su entrambe le pagine, senza stipole

Sparviere aureo

Hieracium aurantiacum

Pianta di 20-50 cm di altezza dal fusto eretto, tubuloso, densamente tomentoso, glanduloso all'apice

- **Fioritura**
  giugno-luglio
- **Habitat**
  prati, pascoli, su suolo acido
- **Altitudine**
  da 900 a 2700 metri
- **Distribuzione**
  su quasi tutto l'arco alpino
- **Famiglia**
  Asteraceae

Involucro scuro, panciuto, coperto di lunghi peli

Fiori in corimbo denso terminale di 3-9 capolini del diametro di 1,5-2,5 cm

Fiori arancio carico o giallo aranciato

Foglie caulinari simili a quelle basali, ma quasi sessili e di taglia minore

Foglie basali lanceolate, lunghe 6-15 cm e larghe 1-1,5 cm, provviste di lunghi peli, generalmente intere

- **Fioritura**
  maggio-agosto
- **Habitat**
  prati aridi, pendii sassosi, su suolo sia acido che calcareo
- **Altitudine**
  fino a 2300 metri
- **Distribuzione**
  su tutto l'arco alpino
- **Famiglia**
  Asteraceae

Pelosella

Hieracium pilosella

Pianta di 10-20 cm di altezza, provvista di stoloni epigei, lunghi anche 10-20 cm, dal fusto eretto, solitario, non foglioso, densamente peloso

Fiori in capolino unico, terminale, del diametro di 1,5-2,5 cm

Fiori gialli sfumati di porpora sulla parte esterna

Involucro lungo 8-12 mm densamente peloso

Foglie in rosetta basale

Foglie lanceolato-spatolate, lunghe 4-5 cm e larghe 1-1,5 cm, intere

Stoloni epigei

Pagina superiore coperta di lunghi peli setosi, bianchi

Pagina inferiore bianco-tomentosa coperta di lunghi peli

Sparviere del calcare

Hieracium villosum

- **Fioritura**
  luglio-agosto
- **Habitat**
  pendii sassosi, rocce, pietraie, su suolo calcareo
- **Altitudine**
  da 1200 a 2800 metri
- **Distribuzione**
  su tutto l'arco alpino
- **Famiglia**
  Asteraceae

Pianta di 10-30 cm di altezza, dal fusto eretto o ascendente, solitario o poco ramificato, foglioso, tomentoso, lanoso per lunghi peli bianchi

Fiori infiorescenza terminale di 1-4 capolini, del diametro di 3-4 cm

Fiori tutti ligulati, giallo limone

Involucro lungo 14-23 mm, lanoso

Foglie basali peduncolate

Foglie glaucescenti, lanceolate, lunghe 8-15 cm e larghe 1-2 cm, intere, sovente ondulate, coperte da lunghi peli soprattutto sulla pagina inferiore e sui bordi

Foglie caulinari sessili, semiamplessicauli di taglia minore

- **Fioritura**
  luglio-agosto
- **Habitat**
  prati, pascoli,
  su suolo acido
- **Altitudine**
  da 1200 a 2500 metri
- **Distribuzione**
  su tutto l'arco alpino
- **Famiglia**
  Asteraceae

Costolina alpina

Hypochaeris uniflora

Pianta di 20-50 cm di altezza, dal fusto eretto, solitario, tubuloso, peloso, foglioso nella parte inferiore, espanso nella parte apicale

Fiori in capolino solitario, terminale, del diametro di 5-7 cm

Fiori tutti ligulati, giallo oro

Involucro lungo 2-2,5 cm, coperto di peli bianchi e neri

Foglie basali da ovali a lanceolate, lunghe 9-15 cm e larghe 2-3 cm, verde chiaro, dentate, un po' ispide

Senecio biancheggiante

Jacobaea incana subsp. *incana*

Pianta di 5-20 cm di altezza, bianco argentata, tomentosa, dai fusti ascendenti, poco fogliosi, striati longitudinalmente

- **Fioritura**
  luglio-agosto
- **Habitat**
  prati, ghiaioni, fessure delle rocce, su suolo acido
- **Altitudine**
  da 1500 a 2700 metri
- **Distribuzione**
  Alpi Occidentali e parte delle Alpi Centrali
- **Famiglia**
  Asteraceae

Fiori in corimbo terminale formato da capolini del diametro di 1-1,5 cm

Fiori ligulati della circonferenza 5-7, giallo aranciato

Fiori tubulosi 6-12, arancio

Foglie pennatosette, bianco grigiastre, tomentose

- **Fioritura**
  maggio-luglio
- **Habitat**
  prati sassosi e soleggiati, rocce, su suolo calcareo
- **Altitudine**
  fino a 2400 metri
- **Distribuzione**
  su tutto l'arco alpino
- **Famiglia**
  Liliaceae

Giglio di San Giovanni

Lilium bulbiferum var. *croceum*

Pianta di 20-80 cm di altezza dal fusto eretto, angoloso, foglioso, tomentoso nella parte apicale

Fiori terminali, solitari o in gruppi di 2-5, imbutiformi, rivolti verso l'alto

Tepali 6, lunghi 6,5 cm, rosso arancio vivo punteggiati di brunastro all'interno

Foglie superiori verticillate

Foglie alterne, sessili, strettamente lanceolate, lunghe 8-12 cm e larghe 2-3 cm, con 3-7 nervature

Linaria dei serpentini

Linaria supina

Pianta di 5-15 cm di altezza dai fusti prostrato-ascendenti, glandulosi nell'infiorescenza

- **Fioritura**
  giugno-luglio
- **Habitat**
  prati secchi, ghiaioni, macereti, su suolo calcareo
- **Altitudine**
  fino a 2200 metri
- **Distribuzione**
  nelle sole province di Cuneo e Torino
- **Famiglia**
  Plantaginaceae

- **Fioritura**
  maggio-luglio
- **Habitat**
  prati aridi,
  luoghi sassosi,
  su suolo calcareo
- **Altitudine**
  fino a 2000 metri
- **Distribuzione**
  su quasi tutto
  l'arco alpino
- **Famiglia**
  Fabaceae

Ononide bacaia

Ononis natrix

Pianta di 20-40 cm di altezza, cespugliosa, tomentosa, glandulosa, vischiosa, dai fusti legnosi alla base, ramificati, fogliosi, rossicci

Fiori in grappolo denso, terminale

Calice densamente peloso

Corolla papilionacea gialla lunga 1,5-2 cm

Vessillo striato di porpora

Stipole alla base delle foglie

Foglie trifogliate con 3 foglioline ellittiche, lunghe 2,5 cm, tomentose, denticolate

Onosma fastigiata

Onosma fastigiata

Pianta di 10-45 cm di altezza, grigio tomentosa per i lunghi peli bianchi, con fusti ascendenti, ramificati solo nella parte alta

- **Fioritura**
  maggio-giugno
- **Habitat**
  prati secchi, assolati, luoghi sassosi, su suolo calcareo
- **Altitudine**
  fino a 2200 metri
- **Distribuzione**
  nella sola provincia di Cuneo
- **Famiglia**
  Boraginaceae

Fiori in infiorescenza terminale, pendula, densamente pelosa

Calice diviso in 5 lacinie densamente pelose

Corolla giallo pallida lunga 2-2,4 cm, glabra, tubulosa con 5 denti all'apice

Foglie lanceolate, lunghe 5-12 cm, densamente pelose

Peli allungati inseriti su tubercoli lisci e glabri

- **Fioritura**
  aprile-giugno
- **Habitat**
  prati aridi, pascoli sassosi, su suolo calcareo
- **Altitudine**
  fino a 1500 metri
- **Distribuzione**
  nelle province di Cuneo e Torino e poche altre nelle Alpi Centrali
- **Famiglia**
  Orchidaceae

Ballerina

Orchis anthropophora

Pianta di 10-40 cm di altezza dal fusto eretto, cilindrico, foglioso

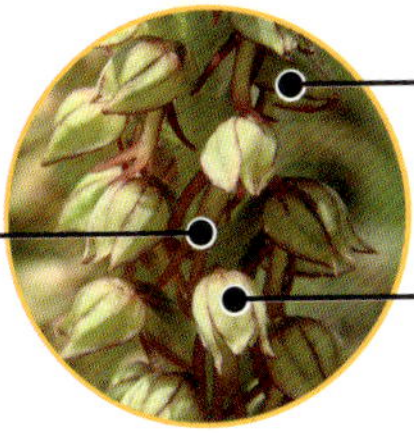

Fiori in spiga stretta, cilindrica, densa, lunga 5-20 cm con 50-60 fiori

Labello profondamente trilobato lungo 1-1,5 cm, pendulo, giallo verdastro con i bordi rossicci, il cui lobo mediano è a sua volta bilobato

Tepali esterni verde giallastri bordati di porpora, conniventi a formare un casco

Foglie caulinari inguainanti il fusto e ridotte a brattee nella parte superiore

Foglie basali in rosetta, oblungo-lanceolate, lunghe 6-10 cm e larghe 1-1,5 cm, con nervature ben marcate

- **Fioritura**
giugno-agosto
- **Habitat**
prati secchi, ghiaioni, su suolo calcareo
- **Altitudine**
da 1500 a 2600 metri
- **Distribuzione**
su tutto l'arco alpino
- **Famiglia**
Fabaceae

Astragalo villoso

Oxytropis campestris

Pianta di 5-15 cm di altezza, dal fusto nullo, ramificata alla base, densamente pubescente e dal peduncolo florale che nasce direttamente dalla base della pianta

Fiori papilionacei giallo biancastri occasionalmente sfumati di rosa

Fiori in densi racemi apicali di 5-15 fiori

Vessillo ovato, lungo 1,5-2 cm

Calice coperto di peli scuri

Foglie in rosetta basale, lungamente peduncolate, imparipennate con 8-15 paia di foglioline lanceolate, acuminate, pelose

- **Fioritura**
  luglio-agosto
- **Habitat**
  pendii rocciosi,
  ghiaioni,
  su suolo calcareo
- **Altitudine**
  da 1800 a 3000 metri
- **Distribuzione**
  Alpi Marittime
  e Alpi Orientali
- **Famiglia**
  Papaveraceae

Papavero alpino

Papaver rhaeticum

Pianta di 8-15 cm di altezza, tomentosa, dal fusto solitario, eretto, coperto di peli

Fiori solitari all'apice del fusto, penduli allo stadio di bocciolo, del diametro di 4-5 cm

Petali 4, obovati, giallo uovo o giallo dorati, più raramente bianchi

Sepali 2, densamente pelosi e presto caduchi

Foglie tutte basali, pelose, pennate o bipennate, peduncolate, lunghe 2-5 cm

Pedicolare chiomata

Pedicularis comosa

Pianta di 20-40 cm di altezza dal fusto eretto, solitario, foglioso, tomentoso

- **Fioritura**
  giugno-luglio
- **Habitat**
  prati aridi, luoghi sassosi, su suolo acido
- **Altitudine**
  da 1400 a 2200 metri
- **Distribuzione**
  su quasi tutto l'arco alpino
- **Famiglia**
  Orobanchaceae

- **Fioritura**
  giugno-agosto
- **Habitat**
  pascoli, luoghi sassosi, rocce, su suolo acido
- **Altitudine**
  da 1800 a 2500 metri
- **Distribuzione**
  su tutto l'arco alpino
- **Famiglia**
  Rosaceae

Cinquefoglia trifogliata

Potentilla grandiflora

Pianta di 10-30 cm di altezza dal fusto ascendente, ramificato, tomentoso, rossiccio

Fiori in cime corimbose di 2-5 fiori

Fiori del diametro di 2-3 cm

Stipole lanceolate, acuminate

Petali 5, gialli sovente con una macchia aranciata alla base

Foglie trifogliate, con 3 foglioline ellittiche lunghe 2-3 cm con 3-8 denti per parte

Pagina inferiore vellutata setosa

Pagina superiore pubescente

Primula maggiore

Primula elatior

Pianta di 10-25 cm di altezza dal fusto eretto, solitario, privo di foglie

- **Fioritura**
  marzo-giugno
- **Habitat**
  boschi, prati ombrosi, su suolo calcareo
- **Altitudine**
  da 600 a 1500 metri
- **Distribuzione**
  su quasi tutto l'arco alpino eccezion fatta per pochissime province
- **Famiglia**
  Primulaceae

Fiori in ombrella terminale più o meno unilaterale di 3-12 fiori

Corolla del diametro di 1,5-2 cm

Petali 5, giallo chiaro più scuri alla base

Foglie in rosetta basale

Foglie ovali, peduncolate, lunghe 5-12 cm e larghe 3-6 cm, leggermente dentellate, pubescenti su entrambe le pagine

Pagina superiore reticolata

- **Fioritura**
  aprile-giugno
- **Habitat**
  boschi, prati,
  su suolo calcareo
- **Altitudine**
  da 800 a 2000 metri
- **Distribuzione**
  su tutto l'arco alpino
- **Famiglia**
  Primulaceae

Primula odorosa

Primula veris

Pianta di 15-20 cm di altezza dal fusto eretto, privo di foglie

Petali 5, giallo dorati con una macchia aranciata alla base

Fiori in ombrella terminale unilaterale di 5-15 fiori

Corolla del diametro di 1-1,5 cm

NOTE

In alcune vallate del cuneese questa specie viene chiamata "braiette dle fie" per la somiglianza della corolla con le mutandine a palloncino e il pizzo che usavano portare una volta le ragazze

Foglie in rosetta basale

Foglie ovali, peduncolate, lunghe 5-12 cm e larghe 3-6 cm, leggermente dentellate, pubescenti su entrambe le pagine

Anemone giallino

Pulsatilla alpina subsp. *apiifolia*

Pianta di 20-50 cm di altezza dal fusto eretto, non ramificato, scuro dalla base fino alle foglie caulinari e coperto di peli chiari. Le foglie basali sono ancora poco sviluppate al momento della fioritura

- **Fioritura**
  maggio-luglio
- **Habitat**
  prati umidi ricchi di sostanze azotate, sia su suolo calcareo che acido
- **Altitudine**
  fino a 2500 metri
- **Distribuzione**
  su quasi tutto l'arco alpino tranne nella parte orientale
- **Famiglia**
  Ranunculaceae

Fiori solitari del diametro di 3-6 cm

Tepali 6-9, giallo zolfo, sovente sfumati di azzurro all'esterno

Foglie caulinari simili a quelle basali ma più piccole, posizionate proprio sotto il fiore

Foglie basali palmate, profondamente incise, vellutate sulla pagina inferiore lungamente peduncolate

NOTE

Questa specie cresce sovente mista alla Pulsatilla alpina

- **Fioritura**
  giugno-agosto
- **Habitat**
  pendii rocciosi umidi, sorgenti, fessure delle rocce, su suolo acido
- **Altitudine**
  da 1500 a 3000 metri
- **Distribuzione**
  su tutto l'arco alpino
- **Famiglia**
  Crassulaceae

Rodiola rosea

Rhodiola rosea

Pianta dioica di 10-40 cm di altezza, glabra, dal fusto eretto, foglioso fino all'apice, legnoso alla base, non ramificato

Fiori in denso corimbo terminale del diametro di 3-4 cm

Corolla del diametro di 5-7 mm

Petali 4, lineari, gialli generalmente sfumati di rosso, con l'apice rivolto verso l'interno

Foglie glauche, dense, alterne, piatte, dentate, carnose, sessili, acuto-lanceolate, le superiori progressivamente più sviluppate lunghe fino a 4 cm e larghe fino a 1 cm

Saponaria gialla

Saponaria lutea

Pianta di 5-10 cm di altezza, tappezzante, con numerose rosette basali sterili, dal fusto eretto, non ramificato, pubescente, poco foglioso

- **Fioritura**
  luglio-agosto
- **Habitat**
  pascoli pietrosi, fessure delle rocce, su suolo calcareo
- **Altitudine**
  da 1500 a 2600 metri
- **Distribuzione**
  nelle province di Torino, Aosta, Novara
- **Famiglia**
  Caryophyllaceae

Fiori in densa infiorescenza terminale

Calice pubescente

Petali 5-6, giallo pallido, lunghi 8-9 mm con una macchia scura alla base

Foglie in rosette basali, da strettamente lanceolate a lineari, acute, lunghe fino a 4 cm

- **Fioritura**
  giugno-agosto
- **Habitat**
  pendii franosi umidi, sponde dei ruscelli, sorgenti, rocce con stillicidio d'acqua, su suolo sia calcareo che acido
- **Altitudine**
  da 600 a 2800 metri
- **Distribuzione**
  su tutto l'arco alpino
- **Famiglia**
  Saxifragaceae

Sassifraga gialla

Saxifraga aizoides

Pianta di 5-20 cm di altezza, tappezzante, in cuscinetti lassi, dai fusti ascendenti, densamente fogliosi, pubescenti all'apice

Fiori in infiorescenza racemosa di 5-10 fiori

Fiori del diametro di 9-14 mm

Petali 5, lineari, giallo limone o a volte giallo aranciato, sovente punteggiati di arancione o rosso scuro

Foglie carnose, lineari o lanceolate, lunghe 1-2,5 cm e larghe 2-3 mm, con il bordo cigliato, mucronate

Borracina montana

Sedum montanum

Pianta di 5-30 cm di altezza, glauca, glabra, provvista di getti sterili, dai fusti legnosi, striscianti, radicanti, quelli fioriferi eretti, fogliosi, rossicci

- **Fioritura**
  maggio-agosto
- **Habitat**
  rocce, pietraie, su suolo calcareo
- **Altitudine**
  da 500 a 2000 metri
- **Distribuzione**
  nella provincia di Cuneo e parte dell'arco alpino ma a "macchia di leopardo"
- **Famiglia**
  Crassulaceae

Fiori in corimbo apicale, glanduloso

Fiori gialli, stellati, del diametro di 9-14 mm

Foglie caulinari glauche, lunghe 1,5-2,2 cm e larghe 2-2,5 mm incurvate, spesso rossicce

Foglie dei getti sterili glauche, lineari, cilindriche, sottili, mucronate

- **Fioritura**
  luglio-agosto
- **Habitat**
  rocce, pendii rocciosi, su suolo acido
- **Altitudine**
  da 1500 a 2400 metri
- **Distribuzione**
  Alpi Sud Occidentali
- **Famiglia**
  Crassulaceae

Semprevivo di Allioni

Sempervivum globiferum subsp. *allionii*

Pianta di 10-20 cm di altezza dal fusto eretto, solitario, densamente foglioso, coperto di peli glandulosi

Tozzia

Tozzia alpina

Pianta emiparassita di 15-30 cm di altezza dal fusto eretto, quadrangolare, carnoso, succoso, ramificato, peloso su 2 linee opposte

- **Fioritura**
  giugno-luglio
- **Habitat**
  luoghi ombrosi, bordo di ruscelli, prati umidi, su suolo calcareo
- **Altitudine**
  da 1000 a 2400 metri
- **Distribuzione**
  su quasi tutto l'arco alpino
- **Famiglia**
  Orobanchaceae

Fiori solitari o in brevi racemi all'ascella delle foglie superiori

Corolla gialla imbutiforme, lunga 5-9 mm, con 5 lobi macchiettati di porpora all'interno

Foglie opposte, ovali, sessili, lunghe 1-3 cm, leggermente carnose, quelle inferiori intere, glabre, quelle superiori a 1-3 denti per parte

NOTE

Questa specie vive come emiparassita su Adenostyles *e* Petasites

- **Fioritura**
  luglio-agosto
- **Habitat**
  praterie umide ricche di sostanze nutritive, pascoli, sovente lungo i ruscelli, su suolo calcareo
- **Altitudine**
  da 1400 a 2800 metri
- **Distribuzione**
  su tutto l'arco alpino
- **Famiglia**
  Fabaceae

Trifoglio bruno

Trifolium badium

Pianta di 10-25 cm di altezza, cespitosa, dal fusto eretto o ascendente, generalmente non ramificato, pubescente

Fiori in capolini dapprima globosi poi ovoidali del diametro di 1,5-2 cm

Vessillo striato

Corolla giallo dorata, brunastra al termine della fioritura

Foglie superiori opposte, trifogliate quasi glabre

Foglioline ellittiche, leggermente dentellate lunghe 2 cm

Botton d’oro

Trollius europaeus

Pianta di 20-40 cm di altezza, glabra, dal fusto eretto, striato, scanalato, non ramificato

- **Fioritura**
  maggio-luglio
- **Habitat**
  prati montani ricchi di sostanze nutritive, prati umidi, su suolo piuttosto calcareo
- **Altitudine**
  fino a 2200 metri
- **Distribuzione**
  su tutto l’arco alpino
- **Famiglia**
  Ranunculaceae

Fiori solitari, globosi, del diametro di 3-5 cm, giallo intenso composti da 6-15 sepali ricurvi verso l’interno, caduchi

Foglie palmate, trilobate, profondamente incise, dentate, verde scuro sulla pagina superiore, verde più chiaro su quella inferiore

NOTE

L’intera pianta contiene delle sostanze tossiche specialmente allo stato fresco

- **Fioritura**
  aprile-luglio
- **Habitat**
  pascoli e prati montani,
  su suolo calcareo
- **Altitudine**
  fino a 2000 metri
- **Distribuzione**
  su quasi tutto l'arco alpino eccetto la parte est delle Alpi orientali
- **Famiglia**
  Liliaceae

Tulipano montano

Tulipa sylvestris subsp. *australis*

Pianta bulbosa di 20-50 cm di altezza, glabra, gracile, dal fusto sottile. Visibile solamente per tre mesi all'anno, passa il resto del tempo sottoforma di bulbo

Fiori terminali, solitari, sovente reclinati

Tepali 6, lanceolati, acuti all'apice, gialli all'interno e con sfumature rosse all'esterno

Foglie caulinari 2-3, strettamente lanceolate, lunghe 15-30 cm e larghe 1-2,5 cm, prive di nervature

Farfaraccio

Tussilago farfara

- **Fioritura**
  febbraio-giugno
- **Habitat**
  bordo delle strade, luoghi incolti, terreno nudo, luoghi sassosi, su suolo calcareo
- **Altitudine**
  fino a 2400 metri
- **Distribuzione**
  su tutto l'arco alpino
- **Famiglia**
  Asteraceae

Pianta di 10-20 cm di altezza, dal fusto tomentoso

Fiori in capolino solitario del diametro di 2-3 cm

Fiori ligulati della circonferenza giallo pallido

Fiori centrali tubulosi, giallo carico

Brattee fogliacee verdi o brune, ovali-lanceolate, strettamente appressate

Foglie tutte basali, compaiono dopo la fioritura con l'appassimento e morte del fiore

Foglie cuoriformi del diametro di 10-20 cm, quasi glabre sulla pagina superiore, feltrose sulla pagina inferiore

NOTE

Questa specie colonizza rapidamente i terreni nudi smossi da poco

- **Fioritura**
  luglio-agosto
- **Habitat**
  luoghi incolti, bordo dei sentieri, scarpate, su suolo calcareo
- **Altitudine**
  fino a 1800 metri
- **Distribuzione**
  su tutto l'arco alpino
- **Famiglia**
  Scrophulariaceae

Verbasco nero

Verbascum nigrum

Pianta di 40-100 cm di altezza, dal fusto eretto, tomentoso, angoloso nella parte alta

Fiori in grappolo semplice o poco ramificato

Foglie superiori lanceolate lunghe 3-6 cm e larghe 1-2 cm, sessili

Foglie ovali-lanceolate, crenate, quelle inferiori lunghe 10-30 cm, peduncolate

Stami con antere arancione e peli violaceo-purpurei

Corolla giallo vivo del diametro di 1,5-2,5 cm con 5 petali un po' diseguali e con macchie bruno rossicce alla base

Pagina superiore verde scuro

Pagina inferiore grigio-tomentosa

Viola gialla

Viola biflora

Pianta di 5-20 cm di altezza, glabra, dal fusto prostrato-ascendente, sottile, fragile, generalmente a 2 fiori

- **Fioritura**
  maggio-agosto
- **Habitat**
  luoghi ombrosi umidi, sorgenti, rocce con stillicidio, su suolo calcareo
- **Altitudine**
  da 1500 a 2600 metri
- **Distribuzione**
  su tutto l'arco alpino
- **Famiglia**
  Violaceae

Fiori singoli, lunghi 1,5 cm, privi di odore, gialli venati di bruno scuro

Petali 5, i 4 superiori ravvicinati e rivolti verso l'alto, il quinto rivolto verso il basso

Sperone lungo 2-3 mm

Foglie reniformi o cuoriformi lungamente peduncolate del diametro di 4 cm, con il bordo dentellato e leggermente cigliato

- **Fioritura**
  luglio-agosto
- **Habitat**
  bordo dei ruscelli, cespuglieti, pietraie, su suolo sia acido che calcareo
- **Altitudine**
  da 1300 a 2400 metri
- **Distribuzione**
  su tutto l'arco alpino
- **Famiglia**
  Asteraceae

Cavolaccio alpino

Adenostyles alliariae

Pianta di 50-150 cm di altezza dal fusto eretto, pubescente e spesso rossiccio nella parte alta, ramificato nell'infiorescenza

Fiori in capolini tubulosi di 3-6 fiori, del diametro di 2-3 mm che formano numerosi e densi corimbi

Corolla rosa porpora

Foglie basali peduncolate, cuoriformi o reniformi, lunghe fino a 30 cm e larghe fino a 40 cm, irregolarmente dentate, grigio tomentose sulla pagina inferiore

Foglie caulinari quasi sessili, inguainanti il fusto tramite due grosse orecchiette

• **Fioritura**
luglio-agosto
• **Habitat**
pietraie, macereti, su suolo acido
• **Altitudine**
da 1900 a 3000 metri
• **Distribuzione**
su quasi tutto l'arco alpino
• **Famiglia**
Asteraceae

Cavolaccio lanoso

Adenostyles leucophylla

Pianta di 20-40 cm di altezza dal fusto eretto, bianco tomentoso, ramificato nell'infiorescenza

Corolla rosa porpora

Fiori in capolini tubulosi di 12-24 fiori, del diametro di 3-5 mm che formano numerosi e densi corimbi

Foglie caulinari, inguainanti il fusto tramite due piccole orecchiette

Foglie basali peduncolate, cuoriformi o reniformi, lunghe fino a 20 cm e larghe fino a 30 cm, bianco tomentose su entrambe la pagine

- **Fioritura**
  giugno-agosto
- **Habitat**
  rocce, ghiaioni, su suolo calcareo
- **Altitudine**
  da 1500
  a 2600 metri
- **Distribuzione**
  endemica delle Alpi Sud Occidentali
- **Famiglia**
  Amaryllidaceae

Aglio piemontese

Allium narcissiflorum

Pianta bulbosa di 10-40 cm di altezza, glabra, dal fusto liscio, cilindrico, rigido, foglioso nella parte inferiore

Fiori in infiorescenza composta di 3-8 fiori, dapprima racchiusa in una brattea membranosa, all'inizio un po' reclinata, poi eretta al termine della fioritura

Fiori campanulati rosa o porpora lunghi 10-18 mm

Foglie lineari, piatte, glabre, larghe 3-5 mm più corte dello stelo

Erba cipollina

Allium schoenoprasum

Pianta bulbosa, cespitosa, di 15-50 cm di altezza dal fusto eretto, glabro, solitario, tubuloso, foglioso nella parte inferiore

- **Fioritura**
  giugno-agosto
- **Habitat**
  pascoli, prati umidi, su suolo più o meno neutro
- **Altitudine**
  da 600 a 2600 metri
- **Distribuzione**
  su tutto l'arco alpino
- **Famiglia**
  Amaryllidaceae

Fiori in infiorescenza subsferica, del diametro di 3 cm

Tepali 6, acuti, rosa porpora lunghi 7-13 mm con una riga mediana scura

Brattea membranosa che racchiude l'infiorescenza prima della fioritura

Foglie persistenti, cilindriche, acuminate, tubulose, glaucescenti, lunghe 15-50 cm

NOTE

Le foglie di questa specie, che hanno profumo e sapore di aglio, trovano largo consumo in cucina

- **Fioritura**
  maggio-agosto
- **Habitat**
  prati soleggiati, radure, su suolo calcareo
- **Altitudine**
  fino a 1900 metri
- **Distribuzione**
  su tutto l'arco alpino
- **Famiglia**
  Orchidaceae

Orchide piramidale

Anacamptis pyramidalis

Pianta di 20-50 cm di altezza dal fusto eretto, sottile, glabro, lucido, foglioso fino all'infiorescenza

Fiori in spiga densa, conica lunga 3-10 cm

Fiori piccoli rosa più o meno carico

Sperone sottile, filiforme, lungo 12-14 mm, rivolto verso il basso

Tepali quelli esterni allargati, quelli interni uniti a formare un casco

Labello profondamente trilobato lungo 6-9 mm i cui lobi laterali sono generalmente un po' più larghi di quello centrale

Foglie 4-10, lanceolate, verde pallido, quelle basali lunghe 12-15 cm e larghe 1,5-2 cm, quelle caulinari, che si riducono progressivamente di taglia, inguainanti il fusto

Androsace carnicina

Androsace adfinis subsp. *puberula*

Pianta di 2-8 cm di altezza, tappezzante, pubescente, dal fusto eretto, solitario

- **Fioritura** maggio-luglio
- **Habitat** prati, pietraie, su suolo acido
- **Altitudine** da 1400 a 2800 metri
- **Distribuzione** Alpi Occidentali
- **Famiglia** Primulaceae

Fiori in piccole ombrelle di 2-10 fiori

Corolla rosa pallido sfumata di rosa intenso verso il centro e con la gola gialla

Foglie lineari, acute, lunghe 1,5 cm e larghe 1-2 mm, intere, provviste di peli stellati

Foglie in rosette basali

- **Fioritura**
giugno-agosto
- **Habitat**
ghiaioni, morene, vallette nivali, su suolo acido
- **Altitudine**
da 2000 a 3200 metri
- **Distribuzione**
su quasi tutto l'arco alpino
- **Famiglia**
Primulaceae

Androsace dei ghiacciai

Androsace alpina

Pianta di 1-5 cm di altezza, pubescente, tappezzante, che forma cuscinetti piatti e densi, dai fusti densamente fogliosi

Fiori solitari del diametro di 5-7 mm

Petali 5, arrotondati, rosa più o meno carico o più raramente quasi bianchi, con la parte centrale gialla

Foglie carnose, ovali o lanceolate lunghe 4 mm e larghe 1,5 mm, provviste di peli stellati

Foglie in rosette basali

- **Fioritura**
  giugno-luglio
- **Habitat**
  prati aridi montani, pietraie, su suolo calcareo
- **Altitudine**
  fino a 2400 metri
- **Distribuzione**
  nelle sole province di Cuneo e Torino
- **Famiglia**
  Fabaceae

Vulneraria montana

Anthyllis montana

Pianta di 5-20 cm di altezza, legnosa e ramificata alla base, dai fusti prostrato-ascendenti, tomentosi. Sovente ha l'aspetto di un piccolo cespuglio

Corolla papilionacea, con vessillo a lamina oblunga, rosso o rosso purpureo con sfumature più scure

Fiori in capolino solitario, terminale, del diametro di 2,5 cm, attorniato da brattee tomentose

Foglie imparipennate, con 5-13 paia di foglioline lunghe al massimo 1 cm, tomentose su entrambe le pagine

- **Fioritura**
  maggio-luglio
- **Habitat**
  pascoli, radure, boschi alpini, su suolo calcareo
- **Altitudine**
  fino a 2000 metri
- **Distribuzione**
  su tutto l'arco alpino
- **Famiglia**
  Ranunculaceae

Aquilegia scura

Aquilegia atrata

Pianta di 30-80 cm di altezza dal fusto eretto, pubescente nella parte alta, spesso arrossato

Fiori 3-12, inclinati, del diametro di 3-5 cm, viola scuro nerastro

Sperone ricurvo ad uncino lungo 10-15 mm

Sepali esterni 5

Petali interni 5, appressati in alto, muniti di uno sperone

Stami gialli nettamente più lunghi dei petali

Foglie glabre, trilobate con lobi lunghi 3 cm e larghi 3 cm, a loro volta trilobati

Uva ursina

Arctostaphylos uva-ursi

Piccolo arbusto legnoso dal portamento prostrato, sempreverde, costituito da fusti dalla corteccia scura sia striscianti che eretti di 30-100 cm che emettono radici.
Può formare anche grandi colonie e coprire grosse superfici

- **Fioritura**
  giugno-luglio
- **Habitat**
  boschi radi di conifere, luoghi sassosi, ghiaioni, su suolo piuttosto acido
- **Altitudine**
  fino a 2800 metri
- **Distribuzione**
  su tutto l'arco alpino
- **Famiglia**
  Ericaceae

Fiori in piccole infiorescenze dense di 3-7 fiori

Fiori rotondo-campanulati lunghi 4-5 mm bianchi sfumati di rosa, orlati da piccoli denti rosa

Foglie persistenti, coriacee, da ovali a ellittiche, lunghe 1-3 cm e larghe 0,5-1,5 cm, con evidenti nervature, con il bordo intero, verde oliva brillante sulla pagina superiore, opache e più chiare su quella inferiore

Frutti bacche sferiche di 6-8 mm rosso vivo dal gusto acido

- **Fioritura**
  giugno-agosto
- **Habitat**
  prati, rocce, luoghi sassosi assolati, ghiaioni, su suolo piuttosto acido
- **Altitudine**
  da 2400 a 2800 metri
- **Distribuzione**
  su tutto l'arco alpino
- **Famiglia**
  Plumbaginaceae

Spillone alpino

Armeria alpina

Pianta di 5-20 cm di altezza, tappezzante, glabra, dal fusto eretto, non ramificato, privo di foglie

Fiori in infiorescenza terminale globosa del diametro di 2-2,5 cm, attorniata alla base da un involucro di brattee scagliose

Petali 5, rosa pallido o rosa carico

Foglie tutte in rosetta basale di 25-30 foglie, lineari, ottuse, glabre, un po' carnose, lunghe 3-8 cm e larghe meno di 0,3 cm, con una sola nervatura centrale

Astro alpino
Aster alpinus

- **Fioritura**
  giugno-agosto
- **Habitat**
  prati assolati, rocce, pietraie, su suolo calcareo
- **Altitudine**
  da 1500 a 3000 metri
- **Distribuzione**
  su tutto l'arco alpino
- **Famiglia**
  Asteraceae

Pianta di 5-20 cm di altezza dal fusto eretto, non ramificato, pubescente. Quasi sempre si trova in piccoli gruppi

Fiori in capolino generalmente solitario del diametro di 3-4,5 cm

Fiori centrali tubulosi, giallo aranciato

Fiori ligulati della circonferenza blu-viola o lilla

Foglie caulinari strettamente lanceolate, sessili, pubescenti

Foglie basali oblungo-spatolate, ottuse, intere, peduncolate, pubescenti

- **Fioritura**
  giugno-agosto
- **Habitat**
  pascoli asciutti, luoghi aridi e rocciosi, sia su suolo acido che calcareo
- **Altitudine**
  da 1500 a 3000 metri
- **Distribuzione**
  su tutto l'arco alpino
- **Famiglia**
  Fabaceae

Astragalo alpino

Astragalus alpinus

Pianta di 5-15 cm di altezza dai fusti prostrato-ascendenti, poco tomentosi

Fiori in infiorescenze ovoidali lunghe 2 cm composte da 10-20 fiori

Corolla papilionacea con vessillo stretto lungo 8 mm, violetto chiaro, con l'apice più scuro

Carena violetto chiaro con l'apice più scuro

Foglie imparipennate, con 7-11 paia di foglioline lunghe 0,5-2 cm, con la pagina superiore glabra e quella inferiore sparsamente tomentosa

- **Fioritura**
  marzo-maggio
- **Habitat**
  prati aridi montani, su suolo calcareo
- **Altitudine**
  da 1000 a 2000 metri
- **Distribuzione**
  Alpi Sud Occidentali e Valle d'Aosta
- **Famiglia**
  Colchicaceae

Bulbocodio

Bulbocodium vernum

Pianta bulbosa di 6-15 cm di altezza, glabra, con fiori e foglie che si sviluppano direttamente dal bulbo

Fiori 1-3, stellati, rosa lilla, generalmente solitari, del diametro di 5-6 cm, imbutiformi, che compaiono assieme alle foglie

Foglie lineari-lanceolate lunghe 6-15 cm e larghe 0,5-1,5 cm, con il bordo rivolto verso l'interno, con la punta ottusa

Stami 6, pistillo diviso in tre

Tepali lineari-lanceolati lunghi 4-5 cm e larghi 0,5-1 cm con la base provvista di 2 piccole orecchiette appuntite

- **Fioritura**
  luglio-settembre
- **Habitat**
  brughiere, boschi radi, pascoli magri, pendii assolati, su suolo acido
- **Altitudine**
  fino a 2700 metri
- **Distribuzione**
  su tutto l'arco alpino
- **Famiglia**
  Ericaceae

Brugo

Calluna vulgaris

Piccolo arbusto di 10-50 (90) cm di altezza dai fusti legnosi molto ramificati

Fiori in spiga all'apice dei rami, lunga 3-15 cm, generalmente unilaterale

Sepali petaloidi lunghi 4 mm rosa più o meno intenso

Foglie persistenti, sessili, fittamente embricate, a forma di piccole scaglie lanceolate lunghe 1-3 mm e larghe 0,5 mm disposte su 4 file longitudinali

NOTE

È una pianta mellifera perchè molto apprezzata dalle api

Centaurea uniflora

Centaurea uniflora

Pianta di 10-30 cm di altezza, dall'aspetto grigiastro, dal fusto eretto, densamente tomentoso, solitario, foglioso

- **Fioritura**
  giugno-agosto
- **Habitat**
  pascoli, prati secchi e rocciosi, su suolo da neutro a poco acido
- **Altitudine**
  da 1400 a 2500 metri
- **Distribuzione**
  Alpi Occidentali
- **Famiglia**
  Asteraceae

Fiori in capolino solitario del diametro di 4-6 cm

Fiori centrali tubulosi rosa pallido

Fiori esterni nastriformi porpora

Involucro subgloboso lungo 1,5-2,5 cm

Brattee marrone chiaro, provviste di frange di aspetto piumoso

Foglie lanceolate lunghe 5-12 cm e larghe 0,5-1 cm, intere, densamente tomentose su entrambe le pagine

- **Fioritura**
  giugno-agosto
- **Habitat**
  prati asciutti, bordo dei sentieri, radure, terreni sabbiosi, su suolo sia acido che calcareo
- **Altitudine**
  fino a 1500 metri
- **Distribuzione**
  su tutto l'arco alpino
- **Famiglia**
  Gentianaceae

Centaurea maggiore

Centaurium erythraea

Pianta di 10-50 cm di altezza dal fusto eretto, quadrangolare, glabro, ramificato nella parte superiore

Fiori in corimbo terminale, foglioso

Petali 5, allargati, ovali, lunghi 5-7 mm, rosa

Foglie caulinari lanceolate, opposte, sessili, di taglia minore

Foglie basali in rosetta, ellittiche, lunghe 3-5 cm e larghe 1-1,5 cm intere

NOTE

Questa specie conosciuta per le sue proprietà febbrifughe veniva utilizzata come succedaneo del chinino

Cardo scardaccio

Cirsium eriophorum

Pianta di 50-150 cm di altezza dal fusto eretto, bianco tomentoso, cilindrico, ramificato

- **Fioritura**
  luglio-agosto
- **Habitat**
  pascoli, margini dei campi, luoghi incolti, su suolo calcareo
- **Altitudine**
  fino a 2100 metri
- **Distribuzione**
  su quasi tutto l'arco alpino
- **Famiglia**
  Asteraceae

Fiori in capolino terminale, solitario, del diametro di 4-8 cm

Fiori tubulosi, porpora

Involucro ovoidale, dall'aspetto lanoso, formato da brattee pelose con l'apice spinoso

Foglie pennate, bianche tomentose, sessili, lunghe 10-30 cm e larghe 1-1,5 cm, divise in 2-3 segmenti lanceolati provvisti all'apice di una lunga spina giallastra, coperte sulla pagina inferiore di piccole spine

NOTE

Questa specie è poco amata dai pastori perché in alcune zone si rivela invadente riducendo lo spazio pascolabile

- **Fioritura**
  giugno-agosto
- **Habitat**
  praterie alpine, pendii franosi, luoghi sassosi assolati, su suolo calcareo
- **Altitudine**
  da 1000 a 2600 metri
- **Distribuzione**
  su tutto l'arco alpino
- **Famiglia**
  Lamiaceae

Santoreggia alpina

Clinopodium alpinum

Pianta di 10-20 cm dal fusto prostrato-ascendente, con base legnosa, pubescente

Tubo del calice tomentoso

Fiori riuniti in falsi verticilli sovrapposti di 2-6 fiori alla base delle foglie

Corolla bilabiata lunga 1-2 cm viola intenso o violetto porpora

Foglie ovali, opposte, leggermente peduncolate, lunghe 5-15 mm, dentate all'apice, spesso revolute

Labbro superiore bilobato, labbro inferiore trilobato, di cui il mediano più grande, con la gola biancastra coperta di peli bianchi

Cuscuta europea

Cuscuta europaea

Pianta parassita, priva di clorofilla, priva di foglie, di 30-150 cm di altezza, dai fusti filiformi, rossastri, densamente ramificati e intricati che si attorcigliano alla pianta ospite penetrando all'interno di essa tramite degli organi succhiatori

- **Fioritura**
  giugno-settembre
- **Habitat**
  su ortica, luppolo, artemisia, vincetossico e altre specie
- **Altitudine**
  fino a 2200 metri
- **Distribuzione**
  su tutto l'arco alpino
- **Famiglia**
  Convolvulaceae

Fiori in glomeruli globulosi di 1-1,5 cm

Corolla campanulata bianco rosata o bianco giallastra, formata da 4-5 lobi ovali

NOTE

Da lontano questa specie si presenta come un ammasso ragnateloso che ricopre quasi completamente la pianta ospite

- **Fioritura**
  maggio-luglio
- **Habitat**
  prati, pascoli umidi, torbiere, acquitrini, su suolo acido ma occasionalmente anche su suolo calcareo
- **Altitudine**
  fino a 2000 metri
- **Distribuzione**
  su tutto l'arco alpino
- **Famiglia**
  Orchidaceae

Orchide macchiata

Dactylorhiza maculata

Pianta di 20-60 cm di altezza, dal fusto eretto, solitario, cilindrico, foglioso, spesso arrossato all'apice

Fiori in spiga allungata densa, lunga 4-10 cm, composta da 20-50 fiori

Fiori del diametro di 8-13 mm rosa, viola pallido o bianchi

Labello poco trilobato lungo 7,5 mm, con linee e macchie porpora

Sperone fine, incurvato verso il basso

Tepali laterali aperti lunghi 10 mm, gli altri conniventi a formare un cappuccio

Foglie 6-8, oblungo-lanceolate, lunghe 6-7 cm e larghe 1,5 cm, maculate di bruno sulla pagina superiore

Orchide a foglie larghe

Dactylorhiza majalis

Pianta di 20-40 cm di altezza dal fusto eretto, robusto, striato, cavo, solitario, foglioso, spesso arrossato all'apice

- **Fioritura**
  maggio-luglio
- **Habitat**
  acquitrini, sorgenti, sponde dei ruscelli, su suolo debolmente acido, neutro o calcareo
- **Altitudine**
  da 1000 a 2200 metri
- **Distribuzione**
  su tutto l'arco alpino
- **Famiglia**
  Orchidaceae

Fiori in spiga densa più o meno cilindrica a maturità, lunga 4-10 cm, composta da 10-30 fiori

Fiori del diametro di 1-1,5 cm porpora scuro o rossi

Sperone più o meno conico rivolto verso il basso

Foglie 3-7, da ovali a ovali-lanceolate, lunghe 8-16 cm e larghe 2-5 cm, maculate di bruno sulla pagina superiore

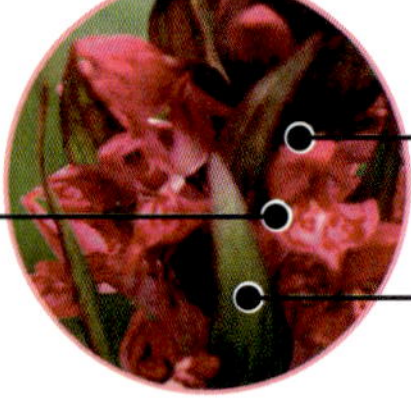

Tepali laterali aperti, gli altri conniventi a formare un casco

Labello profondamente trilobato, lungo 6-10 mm e largo 9-12 mm, più chiaro alla base, con linee e macchie porpora scuro

Brattee inferiori generalmente più lunghe dei fiori

Fiori sia porpora che gialli entrambi con macchiettature porpora sul labello

- **Fioritura**
  aprile-luglio
- **Habitat**
  pascoli, prati, su suolo da neutro a acido
- **Altitudine**
  fino a 2100 metri
- **Distribuzione**
  su tutto l'arco alpino
- **Famiglia**
  Orchidaceae

Orchide sambucina

Dactylorhiza sambucina

Pianta di 10-30 cm di altezza dal fusto eretto, robusto, tubuloso, glabro, scanalato nella parte alta

Fiori in spiga densa e corta, più o meno ovoidale lunga 4-7 cm, dal debole odore di sambuco

Sperone da cilindrico a conico, robusto, rivolto verso il basso

Brattee più lunghe dei fiori

Foglie 5-8, oblungo-lanceolate, lunghe 6-12 cm e larghe 1-2,5 cm, verde chiaro lucido, con la nervatura centrale ben evidente

Tepali quelli esterni allargati, quelli interni uniti a formare un casco

Labello intero o poco trilobato lungo 8-12 mm, con la base gialla, punteggiato di porpora nella parte mediana

Fior di stecco

Daphne mezereum

Piccolo arbusto deciduo dal portamento eretto di 25-100 cm di altezza dalla corteccia grigio-rosea, con rami elastici e provvisti di foglie solo sulla loro sommità

- **Fioritura**
  marzo-maggio
- **Habitat**
  boschi radi sia di latifoglia che di conifera, radure, pascoli, sovente lungo i sentieri, su suolo poco acido o calcareo
- **Altitudine**
  fino a 2600 metri
- **Distribuzione**
  su tutto l'arco alpino
- **Famiglia**
  Thymelaeaceae

Fiori sessili, in gruppi di 1-4 all'ascella delle foglie, molto profumati

Petali 4, rosa pallido o rosa porpora, calice vellutato

Foglie caduche, lanceolate, glabre, lunghe 2-6 cm e larghe 1-1,5 cm, verde pallido o glauche

Frutto drupa ovoidale di 0,5-1 cm, rosso brillante

NOTE

Questa specie ha la particolarità di fiorire prima della comparsa delle foglie, da cui il nome Fior di stecco. Tutta la pianta contiene sostanze altamente velenose

- **Fioritura**
  maggio-agosto
- **Habitat**
  prati soleggiati, bordo dei sentieri, terreni rocciosi, su suolo acido
- **Altitudine**
  fino a 2500 metri
- **Distribuzione**
  su gran parte dell'arco alpino eccetto la sua parte orientale
- **Famiglia**
  Caryophyllaceae

Garofano dei certosini

Dianthus carthusianorum

Pianta di 30-45 cm di altezza dal fusto eretto, legnoso alla base, non ramificato, glabro, angoloso, con presenza di fusti sterili

Fiori in densa infiorescenza terminale

Petali 5, dentati, rosa intenso, porpora o rosso

Foglie opposte, strettamente lanceolate, lineari, lunghe 1-2 cm e larghe 2-3 mm

Fiori del diametro di 2-3 cm contornati da brattee coriacee bruno violaceo

Garofano pavonio

Dianthus pavonius

Pianta di 2-25 cm di altezza, cespitosa, tappezzante, dai fusti ascendenti, glabri, angolosi

- **Fioritura** giugno-agosto
- **Habitat** prati sassosi, fenditure delle rocce, su suolo acido
- **Altitudine** da 1200 a 2500 metri
- **Distribuzione** Alpi Occidentali
- **Famiglia** Caryophyllaceae

Fiori solitari, terminali, del diametro di 1,5-2,5 cm

Petali 5, rosa carico con la base bluastra, dentellati all'apice, pelosi alla base

Calice circondato alla base da squame erbacee

Foglie strettamente lineari larghe 1-2,5 mm, opposte, rigide, acute

- **Fioritura**
  giugno-agosto
- **Habitat**
  prati umidi, pascoli, su suolo da neutro a calcareo
- **Altitudine**
  fino a 2200 metri
- **Distribuzione**
  nelle province di Cuneo, Torino, Novara e Brescia
- **Famiglia**
  Caryophyllaceae

Garofano a pennacchio

Dianthus superbus

Pianta di 20-40 cm di altezza, glabra, dal fusto eretto o ascendente, ramificato nella parte alta

Fiori solitari in gruppi di 3-5, del diametro di 2-3,5 cm

Petali 5, lineari, profondamente sfrangiati, rosa o lilla chiaro, con la base verdastra coperta di peli scuri

Foglie lineari lunghe 5-8 cm e larghe 5-7 mm

Epilobio

Epilobium angustifolium

Pianta di 50-150 cm di altezza dal fusto eretto, angoloso, glabro.
Solitamente forma grandi colonie nelle radure di montagna o lungo i sentieri

- **Fioritura**
  giugno-settembre
- **Habitat**
  boschi radi, pendii pietrosi, luoghi incolti, sponde dei corsi d'acqua, su terreni ricchi di humus, su suolo piuttosto acido
- **Altitudine**
  fino a 2500 metri
- **Distribuzione**
  su tutto l'arco alpino
- **Famiglia**
  Onagraceae

Fiori in lunga spiga terminale di 20-100 fiori

Petali 4, arrotondati, rosa porpora, del diametro di 2-3 cm

Foglie alterne, sessili, lanceolate, intere, leggermente dentate, lunghe 8-15 cm e larghe 1-3 cm, glaucescenti sulla pagina inferiore

Semi finemente setosi

NOTE

È una delle piante che colonizza le radure formatesi in seguito a disboscamenti.
Si espande velocemente anche tramite i suoi rizomi.
È una pianta mellifera perchè molto apprezzata dalle api

- **Fioritura**
  luglio-agosto
- **Habitat**
  greto dei torrenti, ghiaioni, morene, su suolo neutro
- **Altitudine**
  fino a 2700 metri
- **Distribuzione**
  su tutto l'arco alpino
- **Famiglia**
  Onagraceae

Garofanino di Fleischer

Epilobium dodonaei subsp. *fleischeri*

Pianta di 10-40 cm di altezza dal fusto prostrato-ascendente, legnoso alla base, sovente ramificato

Fiori in infiorescenze terminali

Fiori del diametro di 25-30 mm

Sepali 4, alternati ai petali, porpora scuro

Petali 4, arrotondati, rosa più o meno carico con venature più scure

Foglie lineari, rigide, glabre, lunghe 1,5-2,5 cm e larghe 2-4,5 mm, leggermente dentate

NOTE

Questa specie che colonizza i greti dei torrenti, forma grandi colonie grazie ai suoi fusti sotterranei che generano dei polloni

Elleborine violacea

Epipactis atrorubens

Pianta di 20-60 cm di altezza dal fusto eretto, pubescente alla sommità, rossastro violaceo o grigiastro

- **Fioritura**
  giugno-agosto
- **Habitat**
  macereti, prati aridi, boschi radi, su suolo da calcareo a leggermente acido
- **Altitudine**
  fino a 2000 metri
- **Distribuzione**
  su tutto l'arco alpino
- **Famiglia**
  Orchidaceae

Fiori in infiorescenza terminale, generalmente unilaterale, lunga 10-25 cm, composta da 10-40 fiori

Fiori del diametro di 1-1,5 cm

Labello porpora, con il margine sfrangiato e con delle increspature alla base

Tepali porpora brunastri, ovali-lanceolati

Sepali densamente pelosi sulla parte esterna

Foglie 5-11, disposte su due file, leggermente coriacee, inguainanti il fusto, ovali o lanceolate, lunghe 6-9 cm e larghe 2-4 cm

- **Fioritura**
  febbraio-giugno
- **Habitat**
  pendii sassosi soleggiati, boschi di conifera, pascoli aridi, su suolo calcareo
- **Altitudine**
  fino a 2500 metri
- **Distribuzione**
  su tutto l'arco alpino
- **Famiglia**
  Ericaceae

Erica carnicina

Erica herbacea

Pianta di 20-40 cm di altezza dai fusti legnosi alla base, prostrato-ascendenti, glabri, fogliosi

Fiori in grappoli unilaterali all'ascella delle foglie apicali

Corolla rosa carico, campanulata, allungata, lunga 5-7 mm, bordata all'estremità da 4 piccoli lobi

Foglie persistenti, aghiformi, glabre, generalmente verticillate per 4, lunghe 6-10 mm e larghe 0,5 mm, lucide sulla pagina superiore

Cespica alpina

Erigeron alpinus

- **Fioritura**
  luglio-agosto
- **Habitat**
  pascoli, prati sassosi, rocce, sia su suolo acido che calcareo
- **Altitudine**
  da 1200 a 2800 metri
- **Distribuzione**
  su tutto l'arco alpino
- **Famiglia**
  Asteraceae

Pianta di 6-20 cm di altezza, dal fusto eretto, solitario o ramificato, tomentoso

Fiori in capolino solitario del diametro 1,5-2 cm

Fiori centrali tubulosi gialli o rosati

Fiori ligulati della circonferenza rosa violaceo o rosa pallido

Foglie basali oblungo-lanceolate lunghe 3-3,5 cm ma anche fino a 12 cm e larghe 2-4 cm, intere, tomentose su entrambe le pagine

Foglie caulinari lanceolate, acute, sessili, di taglia minore

- **Fioritura**
  maggio-agosto
- **Habitat**
  rupi, pietraie, luoghi sassosi, su suolo calcareo
- **Altitudine**
  da 1200 a 2300 metri
- **Distribuzione**
  nelle province di Cuneo, Torino e Novara
- **Famiglia**
  Plantaginaceae

Erino alpino

Erinus alpinus

Pianta di 2-20 cm di altezza dal fusto tomentoso, prostrato-ascendente, foglioso

Fiori in piccolo corimbo terminale

Petali 5, aperti, bilobati, alcuni più piccoli degli altri, rosa carico con una riga centrale più scura

Corolla del diametro di 6-9 mm

Foglie basali in rosette

Foglie caulinari alterne, spatolate, grossolanamente dentate, di taglia minore

Foglie basali spatolate lunghe 2-4 cm e larghe 5-10 mm, grossolanamente dentate

Dente di cane

Erythronium dens-canis

Pianta bulbosa di 10-20 cm di altezza dal fusto solitario, eretto ma pendente all'apice, rossastro in alto

- **Fioritura**
  marzo-maggio
- **Habitat**
  boschi, radure, prati su suolo moderatamente acido
- **Altitudine**
  da 500 a 1700 metri
- **Distribuzione**
  su tutto l'arco alpino
- **Famiglia**
  Liliaceae

Fiori terminali, solitari, penduli

Tepali 6, ripiegati all'indietro, conniventi alla base, rosa più o meno carico con la gola gialla e marrone ruggine

Antere blu viola, stilo bianco lungo quanto gli stami

Foglie 2, opposte, lanceolate, lunghe 4-7 cm e larghe 3-4 cm, con il margine intero, glauche con macchie chiare e bruno-porpora sulla pagina superiore

- **Fioritura**
  maggio-settembre
- **Habitat**
  pascoli, prati,
  su suolo acido
- **Altitudine**
  da 1500 a 2500 metri
- **Distribuzione**
  su tutto l'arco alpino
- **Famiglia**
  Orobanchaceae

Eufrasia delle Alpi

Euphrasia alpina

Pianta emiparassita di 5-20 cm di altezza dal fusto semplice o ramificato, generalmente pubescente

Fiori in corta infiorescenza terminale inserita all'ascella di brattee simili alle foglie

Labbro inferiore con la gola gialla o più raramente bianca

Foglie glabre o pubescenti, sessili, addossate al fusto, ovali-oblunghe, con 3-4 dentelli acuti per lato

Brattee provviste di lunghe frange che formano un ciuffo terminale caratteristico

Corolla bilabiata lunga 9-15 mm, lilla o rosa

Labbro superiore a forma di elmo

Fritillaria meleagride

Fritillaria tubiformis subsp. *tubiformis*

Pianta bulbosa di 20-30 cm di altezza, priva di foglie basali, dal fusto eretto, foglioso solo nella metà superiore

- **Fioritura**
  aprile-luglio
- **Habitat**
  pascoli alpini e prati montani sia umidi che aridi, su suolo da neutro a calcareo
- **Altitudine**
  da 1500 a 2300 metri
- **Distribuzione**
  Alpi Sud Occidentali e qualche provincia delle Alpi Centrali
- **Famiglia**
  Liliaceae

Fiori terminali, solitari, sempre reclinati, campanulati, lunghi fino a 5 cm

Tepali 6, arrotondati o appena appuntiti all'apice, rosso porpora con una tipica macchiettatura a scacchiera più chiara

Foglie tutte caulinari, alterne, strettamente lanceolate, lunghe fino a 10 cm e larghe 0,5-1 cm, glauche, abbastanza spesse, scanalate

- **Fioritura**
  giugno-settembre
- **Habitat**
  prati umidi, pascoli, su suolo acido
- **Altitudine**
  da 1000 a 2600 metri
- **Distribuzione**
  su quasi tutto l'arco alpino eccezion fatta la parte orientale
- **Famiglia**
  Gentianaceae

Genziana campestre

Gentianella campestris

Pianta di 5-20 cm di altezza dal fusto eretto, angoloso, striato, ramificato, foglioso, spesso rossiccio nella parte inferiore

Fiori solitari, terminali e all'ascella delle foglie, del diametro di 1-3 cm

Petali 4, lilla o violetti, ovali, acuti, con alla base una sorta di lunga barba eretta dello stesso colore

Calice inciso fin quasi alla base composto da 4 lobi fogliacei

Foglie oblungo-lanceolate, lunghe 1-2,5 cm e larghe 3-8 mm

- **Fioritura**
maggio-agosto
- **Habitat**
boschi, faggete, prati umidi ricchi di sostanze nutritive, su suolo piuttosto calcareo
- **Altitudine**
fino a 2400 metri
- **Distribuzione**
su tutto l'arco alpino
- **Famiglia**
Geraniaceae

Geranio stellato

Geranium phaeum

Pianta di 30-60 cm di altezza dal fusto eretto, foglioso, provvisto di peli

Fiori del diametro di 1,6-2 cm

Fiori in gruppi di 1-2

Petali 5, liberi, distesi, molto arrotondati, viola più o meno scuro con il centro più chiaro

Foglie alterne, palmate, divise in 5-7 grandi lobi profondamente incisi del diametro di 4-5 cm

- **Fioritura**
  maggio-agosto
- **Habitat**
  prati, pascoli,
  su suolo calcareo
- **Altitudine**
  fino a 2500 metri
- **Distribuzione**
  su tutto l'arco alpino
- **Famiglia**
  Orchidaceae

Manina rosea

Gymnadenia conopsea

Pianta di 15-60 cm di altezza dal fusto cilindrico, foglioso, sovente con sfumature bruno rossicce all'apice

Fiori in spiga stretta, cilindrica, lunga 5-20 cm composta da 20-60 fiori

Fiori del diametro di 8-14 mm, rosa, rosa violaceo o più raramente bianchi

Sperone lungo 10-20 mm gracile, filiforme, ricurvo verso il basso

Tepali laterali aperti, lunghi 5-6 mm, gli altri conniventi a formare un cappuccio

Labello lungo 4-7 mm trilobato il cui lobo mediano è largamente triangolare

Foglie 3-7, lineari-lanceolate lunghe 10-20 cm e larghe 5-20 mm, quelle caulinari progressivamente di taglia minore fino a ridursi a brattee nella parte apicale

Nigritella rossa

Gymnadenia nigra subsp. *corneliana*

Pianta di 10-20 cm di altezza dal fusto eretto, striato, solitario, foglioso

- **Fioritura**
  giugno-luglio
- **Habitat**
  prati alpini soleggiati, su suolo calcareo
- **Altitudine**
  da 1600 a 2500 metri
- **Distribuzione**
  nelle sole province di Cuneo e Torino
- **Famiglia**
  Orchidaceae

Fiori in infiorescenza densa, composta da circa 60 fiori, da conica a emisferica, lunga 2,4-2,9 cm. I fiori rosa carico si decolorano con l'avanzare della fioritura per cui quelli alla base, che fioriscono prima, sono di un rosa pallido quasi bianco mentre quelli all'apice sono ancora più scuri

Sperone piccolo lungo 1 mm

Labello superiore lungo 8 mm e largo 5 mm

Tepali lanceolati, acuti, lunghi 6-7 mm e larghi 1,5-2 mm

Foglie caulinari lineari, progressivamente di taglia minore fino a ridursi a brattee nella parte apicale, spesso arrossate sul bordo

Foglie basali lanceolate lunghe 5-10 cm e larghe 3-9 mm, con il bordo rivolto verso l'interno

- **Fioritura**
  giugno-luglio
- **Habitat**
  pascoli alpini soleggiati, su suolo calcareo o poco acido
- **Altitudine**
  da 1000 a 2800 metri
- **Distribuzione**
  su quasi tutto l'arco alpino
- **Famiglia**
  Orchidaceae

Nigritella comune

Gymnadenia nigra subsp. *rhellicani*

Pianta di 5-20 cm di altezza, dal fusto angoloso, foglioso fino all'infiorescenza

Fiori in infiorescenza densa dapprima conica poi emisferica o ovoidale

Sperone corto, lungo 1 mm

Labello superiore lanceolato, intero, rivolto verso l'alto

Tepali allargati, acuti, lunghi 4-6 mm, porpora o porpora nerastri con un forte odore di vaniglia

Foglie basali 6-10, lineari, lunghe 5-10 cm e larghe 3-7 mm, con i bordi rivolti verso l'interno, quelle superiori più piccole, spesso arrossate sui bordi

Gipsofila strisciante

Gypsophila repens

Pianta di 10-35 cm di altezza, pruinosa, glauca, dal fusto prostrato-ascendente, ramificato

- **Fioritura**
  giugno-settembre
- **Habitat**
  fessure delle rocce, ghiaioni, pascoli asciutti, bordo dei sentieri su suolo calcareo
- **Altitudine**
  da 1000 a 3000 metri
- **Distribuzione**
  su tutto l'arco alpino tranne poche province
- **Famiglia**
  Caryophyllaceae

Fiori in grappolo di 2-3 fiori
Fiori di 5-8 mm di diametro
Petali 5, bianchi o rosa

Foglie lineari o lanceolate, spesse, lunghe 3 cm e larghe 0,3 cm

- **Fioritura**
  luglio-agosto
- **Habitat**
  pascoli,
  luoghi sassosi,
  su suolo calcareo
- **Altitudine**
  da 1600 a 2500 metri
- **Distribuzione**
  su tutto l'arco alpino
- **Famiglia**
  Fabaceae

Sulla alpina

Hedysarum hedysaroides

Pianta di 10-30 cm di altezza, glabra, dal fusto eretto o ascendente, solitario

Fiori in grappolo unilaterale di 10-35 fiori

Fiori papilionacei, pendenti, rosso purpurei

Foglie imparipennate, con 5-9 paia di foglioline, ovali, lunghe 1-3 cm

Tossillagine alpina

Homogyne alpina

Pianta di 10-25 cm di altezza dal fusto eretto, solitario, tomentoso-lanoso, rossiccio

- **Fioritura**
  giugno-luglio
- **Habitat**
  prati, pascoli, su suolo poco acido
- **Altitudine**
  da 800 a 2300 metri
- **Distribuzione**
  su tutto l'arco alpino
- **Famiglia**
  Asteraceae

Fiori in capolino solitario del diametro di 1,5 cm

Fiori della circonferenza filiformi rosa pallido

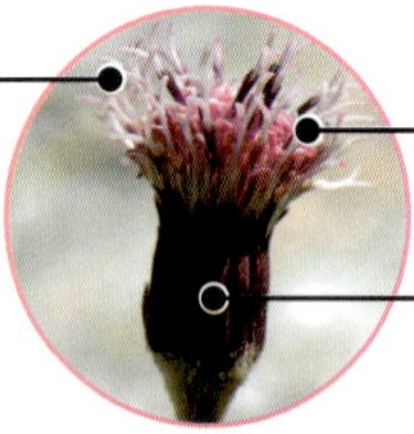

Fiori centrali tubulosi rosa lilla intenso, più raramente bianchi

Involucro cilindrico bruno porpora

Foglie caulinari generalmente 2 di taglia ridotta, quella inferiore inguainante il fusto

Foglie basali peduncolate, reniformi del diametro di 3 cm, coriacee, verde scuro, lucide sulla pagina superiore, pubescenti sulla pagina inferiore, finemente dentate

- **Fioritura**
  luglio-agosto
- **Habitat**
  ghiaioni, rocce, su suolo acido
- **Altitudine**
  da 1000 a 2700 metri
- **Distribuzione**
  Alpi Occidentali e poche province delle Alpi Orientali
- **Famiglia**
  Crassulaceae

Borracina anacampsero

Hylotelephium anacampseros

Pianta di 10-30 cm di altezza glabra, glauca, dal fusto legnoso alla base, ascendente, con fusti fogliosi, e con presenza di fusti sterili che terminano con un ciuffo di foglie

Fiori in corimbo emisferico

Corolla del diametro di 8-12 mm con 5 petali, rosso violacei sulla parte interna, grigio lilla sulla parte esterna

Foglie carnose, alterne, ovali, intere, sessili, lunghe 1,5-3 cm e larghe 5-12 mm

Azalea delle Alpi

Kalmia procumbens

Piccolo arbusto dal portamento prostrato di 2-5 cm di altezza, con fusti legnosi lunghi 20-50 cm, con rami densamente fogliosi

- **Fioritura**
  giugno-luglio
- **Habitat**
  pendii ben esposti generalmente in presenza di affioramenti rocciosi, morene, in corrispondenza di passi e creste ventose, su suolo acido
- **Altitudine**
  da 1500 a 3000 metri
- **Distribuzione**
  su tutto l'arco alpino
- **Famiglia**
  Ericaceae

Fiori in racemo apicale di 4-5 fiori

Corolla campanulata con 5 lobi del diametro di 4-6 mm, rosa più o meno carico

Sepali 5, porpora scuro

Foglie sempreverdi, opposte, coriacee, ovali, glabre, lucide sulla pagina superiore, lunghe 4-7 mm, con bordo liscio e revoluto

- **Fioritura**
  aprile-giugno
- **Habitat**
  boschi di latifoglie, su suolo calcareo
- **Altitudine**
  da 500 a 1900 metri
- **Distribuzione**
  su tutto l'arco alpino
- **Famiglia**
  Fabaceae

Cicerchia primaticcia

Lathyrus vernus

Pianta di 20-40 cm di altezza dal fusto eretto o ascendente, angoloso, foglioso

Fiori papilionacei, pendenti, in grappolo di 3-7 fiori

Corolla dapprima rosa viola, poi bluastra al termine della fioritura, lunga 1,5-2 cm

Foglie paripennate, con 2-4 paia di foglioline ovali, lungamente acuminate lunghe 7 cm

Giglio martagone

Lilium martagon

Pianta bulbosa di 30-90 cm di altezza dal fusto eretto, robusto, foglioso

- **Fioritura** luglio-agosto
- **Habitat** boschi chiari, boscaglie, radure, prati montani, frequente su suolo calcareo
- **Altitudine** fino a 2000 metri
- **Distribuzione** su tutto l'arco alpino
- **Famiglia** Liliaceae

Fiori in gruppi lassi di 3-20, pendenti

Tepali 6, lunghi 3-4 cm, strettamente lanceolati, violetto porpora chiaro, lucidi e cerosi con macchiettature porpora scuro, ricurvi all'infuori

Stami 6, sporgenti, antere porpora scuro

Foglie decisamente lanceolate, lunghe 12 cm e larghe 2,5 cm, sessili, quelle inferiori e superiori alterne, quelle mediane in verticilli di 4-8

- **Fioritura**
  giugno-agosto
- **Habitat**
  ghiaioni, rocce, greto dei torrenti, su suolo calcareo
- **Altitudine**
  da 1500 a 3000 metri
- **Distribuzione**
  su tutto l'arco alpino
- **Famiglia**
  Plantaginaceae

Linaria alpina

Linaria alpina

Pianta di 8-20 cm di altezza, glabra, glaucescente, dai fusti prostrato-ascendenti, fragili, fogliosi

Fiori in piccoli grappoli terminali

Corolla bilabiata viola o blu violetto, lunga 2 cm

Labbro inferiore con alla base due sporgenze centrali giallo zafferano

Sperone lungo 6-7 mm, viola

Foglie verticillate generalmente per 4, lineari o oblungo-lanceolate, lunghe 1,5-2 cm e larghe 3-5 mm, un po' carnose, glauche

Orchide bruciacchiata

Neotinea ustulata

- **Fioritura**
  maggio-luglio
- **Habitat**
  prati magri, secchi e soleggiati, su suolo calcareo
- **Altitudine**
  fino a 2100 metri
- **Distribuzione**
  su tutto l'arco alpino
- **Famiglia**
  Orchidaceae

Pianta di 10-30 cm di altezza dal fusto eretto, costolato nella parte alta

Fiori in spiga terminale densa, lunga 4-10 cm, cilindrica, con la sommità porpora scuro da cui il suo nome

Fiori del diametro di 5-8 mm, profumati

Sperone molto corto, conico, rivolto verso il basso

Tepali uniti a formare un casco, porpora scuro sulla parte esterna

Labello bianco o rosato macchiettato di porpora, profondamente trilobato, con i lobi laterali allargati e con il lobo mediano bifido

Foglie caulinari 2-4, di taglia minore, inguainanti il fusto

Foglie basali 5-9, lunghe 4-8 cm e larghe 1-2 cm, oblungo-lanceolate, verdi o glauche

- **Fioritura**
  giugno-luglio
- **Habitat**
  ghiaioni, macereti, su suolo calcareo
- **Altitudine**
  da 1600 a 3000 metri
- **Distribuzione**
  su quasi tutto l'arco alpino
- **Famiglia**
  Brassicaceae

Erba storna rotondifoglia

Noccaea rotundifolia

Pianta di 5-15 cm di altezza, tappezzante, glabra, glaucescente, con fusti prostrato-ascendenti

Fiori in corimbo

Fiori del diametro di 6-11 mm con 4 petali rosa violetto

Foglie in rosette basali

Foglie ovali, lunghe 8-18 mm e larghe 4-9 mm, carnose, intere o poco dentate

Lupinella montana

Onobrychis viciifolia subsp. *montana*

Pianta di 20-40 cm di altezza dai fusti prostrato-ascendenti, pubescenti, solitari o poco ramificati

- **Fioritura**
  giugno-agosto
- **Habitat**
  pascoli, prati, su suolo calcareo
- **Altitudine**
  da 1400 a 2500 metri
- **Distribuzione**
  su tutto l'arco alpino
- **Famiglia**
  Fabaceae

Fiori papilionacei, in corto grappolo terminale, rosa carico

Vessillo più corto della carena, rosa con striature più scure

Foglie imparipennate, con 4-8 paia di foglioline lanceolate lunghe 5-8 mm e larghe 2-3 mm con il bordo leggermente tomentoso

- **Fioritura**
  giugno-luglio
- **Habitat**
  prati secchi, pascoli, su suolo acido
- **Altitudine**
  fino a 1300 metri
- **Distribuzione**
  Provincia di Cuneo, Valle d'Aosta, Como, Bergamo e Bolzano
- **Famiglia**
  Fabaceae

Ononide strisciante

Ononis spinosa var. *procurrens*

Pianta di 30-60 cm di altezza, uniformemente tomentosa, priva di spine, dal fusto ascendente, legnoso alla base, con rami molto corti

Orchide maschia

Orchis mascula

Pianta di 10-40 cm di altezza dal fusto eretto, solitario, con sfumature rossastre nella parte superiore

- **Fioritura**
  aprile-luglio
- **Habitat**
  prati, pascoli, margine dei boschi, su suolo piuttosto calcareo
- **Altitudine**
  fino a 2400 metri
- **Distribuzione**
  su gran parte dell'arco alpino eccezion fatta la sua parte orientale
- **Famiglia**
  Orchidaceae

Fiori in spiga cilindrica lunga 8-15 cm

Fiori porpora del diametro di 1,5-2 cm

Sperone spesso, rivolto verso l'alto, ottuso e leggermente appiattito alla sommità

Tepali laterali ovali, eretti o piegati, quelli centrali conniventi a formare un cappuccio

Labello trilobato, lungo 10-12 mm, di forma variabile con i lobi laterali arrotondati e quello centrale più lungo, diviso in due piccoli lobi, con la base biancastra e con macchiettature porpora

Foglie caulinari ridotte a brattee inguainanti il fusto

Foglie basali in rosetta di 4-8 foglie, oblungo-lanceolate lunghe 5-15 cm e larghe 2-3 cm, con evidenti macchie viola scuro o brunastre

- **Fioritura**
  aprile-giugno
- **Habitat**
  prati, boschi radi, su suolo calcareo
- **Altitudine**
  fino a 2000 metri
- **Distribuzione**
  su tutto l'arco alpino
- **Famiglia**
  Orchidaceae

Orchide militare

Orchis militaris

Pianta di 20-50 cm di altezza dal fusto eretto, glabro, cilindrico, un po' angoloso

Fiori in spiga più o meno densa, dapprima conica e poi subcilindrica lunga 6-15 cm

Tepali uniti a formare un casco, grigio lilla pallido all'esterno, con venature rosa scuro all'interno

Labello da rosa a porpora, lungo 10-15 mm, rivolto in avanti, profondamente trilobato

Sperone conico, rivolto verso l'alto

Lobi laterali lineari

Lobo mediano con la parte centrale bianca punteggiata di rosa, che si restringe verso il casco, allargato e diviso a sua volta in 2 lobi separati all'estremità da un piccolo dente

Foglie 3-5, basali, oblungo-lanceolate, verde brillante, lunghe 8-18 cm e larghe 2-5 cm di cui l'ultima inguainante il fusto

Pedicolare di Allioni

Pedicularis rosea subsp. *allionii*

Pianta di 5-15 cm di altezza dal fusto eretto o ascendente, glabro nella parte basale, densamente tomentoso nella parte alta, rossastro

- **Fioritura**
  luglio-agosto
- **Habitat**
  prati, pascoli, su suolo calcareo
- **Altitudine**
  da 1900 a 2700 metri
- **Distribuzione**
  Alpi Occidentali
- **Famiglia**
  Orobanchaceae

Fiori in densa e corta spiga terminale

Corolla rosa intenso, bilabiata lunga 12-18 mm

Labbro superiore non prolungato a becco e con lo stigma sporgente da esso

Calice densamente lanoso

Foglie pennatosette lunghe 5-8 cm e larghe 1 cm con segmenti lanceolati provvisti di denti acuti

- **Fioritura**
  giugno-agosto
- **Habitat**
  prati, pascoli,
  su suolo calcareo
- **Altitudine**
  da 1500 a 2500 metri
- **Distribuzione**
  su tutto l'arco alpino
- **Famiglia**
  Orobanchaceae

Pedicolare a foglie verticillate

Pedicularis verticillata

Pianta di 5-20 cm di altezza, dal fusto solitario, foglioso, quadrangolare, con 4 file di peli

Fiori in spiga corta, terminale

Corolla porpora, bilabiata, lunga 12-16 mm

Labbro superiore arrotondato

Labbro inferiore trilobato, biancastro alla base e decorato con linee porpora scuro

Foglie caulinari sessili, in verticilli di 3-4 foglie, di dimensioni minori rispetto a quelle basali

Foglie basali in rosetta, pennatosette lunghe 3-3,5 cm e larghe 4-5 mm

Poligono bistorta

Persicaria bistorta

Pianta di 30-80 cm di altezza dal fusto eretto, solitario, cilindrico, foglioso alla base

- **Fioritura**
  giugno-settembre
- **Habitat**
  prati da sfalcio umidi e concimati, su suolo da acido a poco calcareo
- **Altitudine**
  da 800 a 2000 metri
- **Distribuzione**
  su tutto l'arco alpino
- **Famiglia**
  Polygonaceae

Fiori in spiga terminale, cilindrica lunga 3-6 cm

Fiori rosa chiaro o rosa intenso lunghi 4-5 mm, con stami sporgenti

Foglie caulinari sessili, di taglia inferiore rispetto a quelle basali

Foglie basali lungamente peduncolate, lanceolate, lunghe 6-9 (20) cm e larghe 2-3 cm, glauche sulla pagina inferiore

NOTE

Questa pianta allo stato fresco è un'ottima foraggiera e i suoi fiori sono spesso visitati dalle api. In alcune vallate è conosciuta con il nome dialettale di "lenga buina"

- **Fioritura**
  giugno-agosto
- **Habitat**
  rocce, ghiaioni, pietraie soleggiate, detriti morenici, su suolo calcareo
- **Altitudine**
  da 1700 a 3000 metri
- **Distribuzione**
  su gran parte dell'arco alpino eccezion fatta per le Alpi Centrali
- **Famiglia**
  Brassicaceae

Petrocallide

Petrocallis pyrenaica

Pianta di 2-6 cm di altezza, che forma densi cuscinetti, tomentosa, dal fusto ramificato alla base

Fiori in grappoli lassi di 3-7 fiori

Foglie rigide, profondamente trilobate, lunghe 1 cm, dal bordo cigliato

Foglie in rosette basali

Petali 4, arrotondati, rosa violacei con venature violette, più raramente bianchi, lunghi 4-5 mm

- **Fioritura**
  maggio-luglio
- **Habitat**
  pendii sassosi, prati soleggiati, su suolo sia acido che calcareo
- **Altitudine**
  fino a 2000 metri
- **Distribuzione**
  su tutto l'arco alpino
- **Famiglia**
  Polygalaceae

Poligala chiomata

Polygala comosa

Pianta di 7-20 cm di altezza dai fusti ascendenti, ramificati alla base, fogliosi

Fiori in grappolo terminale allungato di 15-20 fiori, sormontato da un ciuffo di brattee che superano i boccioli e che danno l'aspetto di una chioma scompigliata alla sua parte apicale

Ali obovate lunghe 5-7 mm

Fiori rosa violetto del diametro di 5-7 mm

Foglie alterne, lineari, lunghe 1-2,5 cm e larghe 2-4 mm, quelle superiori più grandi di quelle inferiori

- **Fioritura**
  maggio-giugno
- **Habitat**
  prati aridi, su suolo da neutro a acido
- **Altitudine**
  da 600 a 1700 metri
- **Distribuzione**
  su tutto l'arco alpino
- **Famiglia**
  Polygalaceae

Poligala piemontese

Polygala comosa var. *pedemontana*

Pianta di 15-30 cm di altezza dai fusti prostrato-ascendenti, legnosi alla base, fogliosi

Fiori in grappolo terminale allungato, lungo 2-5 cm, sormontato da un ciuffo di brattee che superano i boccioli e che danno l'aspetto di un folto ciuffo alla sua parte apicale

Fiori rosa o porpora

Foglie alterne, lanceolate, lunghe 1,5-2,5 cm e larghe 8 mm

Corolla sporgente, più lunga delle ali

Ali aperte, lunghe 9-10 mm

Brattee precocemente caduche

Primula farinosa

Primula farinosa

Pianta di 5-20 cm di altezza dal fusto eretto, gracile, solitario, privo di foglie, bianco farinoso soprattutto con tempo asciutto

- **Fioritura**
  maggio-agosto
- **Habitat**
  prati umidi, sorgenti, su suolo calcareo
- **Altitudine**
  fino a 2700 metri
- **Distribuzione**
  su tutto l'arco alpino
- **Famiglia**
  Primulaceae

Fiori in ombrella terminale di 5-20 fiori

Petali 5, rosa lilla, bifidi all'estremità, con la gola gialla

Corolla del diametro di 8-12 mm

Foglie in rosetta basale

Foglie lineari o lanceolato-spatolate, lunghe 2,5-8 cm e larghe 6-11 mm, leggermente dentate e a volte ondulate, verdi e glabre sulla pagina superiore, bianche e farinose sulla pagina inferiore

- **Fioritura**
  aprile-luglio
- **Habitat**
  rupi, morene, pietraie, ghiaioni, su suolo acido
- **Altitudine**
  da 1200 a 3000 metri
- **Distribuzione**
  su gran parte dell'arco alpino tranne la sua parte orientale
- **Famiglia**
  Primulaceae

Primula irsuta

Primula hirsuta

Pianta di 3-10 cm di altezza, pubescente, glandulosa, dal fusto solitario, privo di foglie, eretto, che non supera la lunghezza delle foglie basali

Fiori in gruppi di 2-5

Petali 5, rosa carico o rosso violacei, cuoriformi, con la gola bianca

Corolla del diametro di 1,5-2,5 cm

Foglie ovali-arrotondate, lunghe 1,2-3,5 cm e larghe 1,5-2,5 cm, carnose, pubescenti, irregolarmente dentate, viscose su entrambe le pagine, con peli glandulosi incolori o rossastri

Foglie in rosetta basale

Primula vischiosa

Primula latifolia

Pianta di 5-15 cm di altezza, viscosa, dal fusto solitario, eretto, privo di foglie

- **Fioritura**
  giugno-luglio
- **Habitat**
  rocce, ghiaioni, morene, su suolo acido
- **Altitudine**
  da 1600 a 3000 metri
- **Distribuzione**
  su gran parte dell'arco alpino tranne la sua parte orientale
- **Famiglia**
  Primulaceae

Fiori in ombrella terminale di 8-20 fiori, generalmente unilaterale

Petali 5, rosso viola, un po' farinosi, bifidi, con la gola dello stesso colore

Peli glandulosi viscosi

Corolla del diametro di 1-1,5 cm

Foglie oblungo-ovali lunghe 5-8 cm e larghe 2-3,5 cm, generalmente dentate nella metà superiore, viscose su entrambe le pagine

Foglie in rosetta basale

- **Fioritura**
  maggio-luglio
- **Habitat**
  fenditure delle rocce, su suolo calcareo
- **Altitudine**
  da 1000 a 2600 metri
- **Distribuzione**
  endemica delle Alpi Marittime
- **Famiglia**
  Primulaceae

Primula marginata

Primula marginata

Pianta di 5-12 cm di altezza dal fusto solitario, ascendente, glabro, privo di foglie

Foglie in rosetta basale

Primula piemontese

Primula pedemontana

Pianta di 5-12 cm di altezza pubescente-glandulosa, dal fusto eretto, privo di foglie

- **Fioritura**
  giugno-luglio
- **Habitat**
  pascoli sassosi, rocce, su suolo acido
- **Altitudine**
  da 1400 a 2800 metri
- **Distribuzione**
  Alpi Sud Occidentali e Valle d'Aosta
- **Famiglia**
  Primulaceae

Fiori in ombrella terminale di 2-12 fiori

Corolla del diametro di 1-1,5 cm

Petali 5, viola porpora, più pallidi alla base, strettamente cuoriformi

Foglie in rosetta basale

Foglie obovate o oblunghe, lunghe 3,5-6 cm e larghe 1-2 cm, debolmente dentate o intere, finemente pubescenti, bordate di glandule rosse

- **Fioritura**
  giugno-luglio
- **Habitat**
  pascoli, pendii sassosi, boschi radi, su suolo acido
- **Altitudine**
  da 1000 a 2300 metri
- **Distribuzione**
  su tutto l'arco alpino
- **Famiglia**
  Ericaceae

Rododendro

Rhododendron ferrugineum

Arbusto sempreverde, di 30-120 cm di altezza, glabro, dal fusto legnoso, ramificato, con rami fragili e generalmente ascendenti

Fiori in grappolo terminale di 5-20 fiori

Fiori campanulati del diametro di 10-18 mm, con 5 petali, rosa pallido o rosso porpora, macchiati di ruggine sulla parte esterna

Foglie persistenti, coriacee ovali-lanceolate, arrotondate all'apice, lunghe 1,5-4 cm e larghe 1-2 cm, con il bordo intero, revoluto

Pagina superiore lucida e verde scuro

Pagina inferiore dapprima giallastra e poi coperta di squame glandulose color ruggine

Rosa alpina

Rosa pendulina

Arbusto legnoso, cespuglioso, di 30-120 cm di altezza, spesso prostrato, privo di spine nella parte superiore, con rami rossastri

- **Fioritura**
  giugno-agosto
- **Habitat**
  boschi montani, pietraie, su suolo calcareo
- **Altitudine**
  da 600 a 2400 metri
- **Distribuzione**
  su tutto l'arco alpino
- **Famiglia**
  Rosaceae

Fiori solitari del diametro di 3-5 cm, rosso vivo, con il centro provvisto di molti stami gialli e con peduncolo e calice coperti di peli glandulosi

Frutto ovoidale, rosso, pendulo a maturità, irto di peli glandulosi

Foglie alterne, provviste di stipole alla base, con 7-9 foglioline ovali, lunghe 1,3-4,5 cm, dentate

- **Fioritura**
  giugno-agosto
- **Habitat**
  alpeggi, attorno alle malghe, vicino alle stazioni di riposo del bestiame, su terreni fortemente concimati, praterie ricche di sostanze nutritive su suolo calcareo
- **Altitudine**
  da 1000 a 2500 metri
- **Distribuzione**
  su tutto l'arco alpino
- **Famiglia**
  Polygonaceae

Rabarbaro alpino

Rumex alpinus

Pianta di 60-120 cm di altezza dal fusto eretto, sovente rossastro, striato longitudinalmente, ramificato nella metà superiore

Fiori in infiorescenze dense, compatte, più volte ramificate, lunghe 20-30 cm

Fiori del diametro di 4-5 mm, rossastri

Foglie basali ovali o arrotondate lunghe 30-40 cm con il bordo sovente ondulato, da giovani rosso-ruggine, in seguito con peduncolo e nervatura centrale rossastra

Peduncolo scanalato longitudinalmente

Saponaria rossa

Saponaria ocymoides

Pianta di 10-30 cm altezza, pubescente dal portamento prostrato, molto ramificata, con steli ascendenti o pendenti

- **Fioritura**
  maggio-settembre
- **Habitat**
  ghiaioni, pietraie soleggiate, greto dei torrenti, bordi delle strade, generalmente su suolo acido, ma anche su suolo calcareo
- **Altitudine**
  da 500 a 2000 metri
- **Distribuzione**
  su tutto l'arco alpino
- **Famiglia**
  Caryophyllaceae

Fiori in lassi corimbi apicali, inodori, viscosi, del diametro di 0,5-1 cm

Petali 5, rosa pallido o rosa carico

Calice tubuloso, rossastro, coperto di peli glandulosi

Foglie ovato-lanceolate, opposte, sessili, glabre con il bordo cigliato, lunghe 1,5-1,7 cm e larghe 4-5- mm, con una nervatura centrale

Sassifraga biflora

Saxifraga biflora

Pianta di 1-5 cm di altezza, che forma cuscinetti lassi, dai fusti prostrato-ascendenti, tomentosi, lunghi 10-30 cm

- **Fioritura**
  giugno-luglio
- **Habitat**
  rocce, pietraie, morene, vallette nivali, su suolo sia acido che calcareo
- **Altitudine**
  da 2000 a 3000 metri
- **Distribuzione**
  su gran parte dell'arco alpino con alcune eccezioni nelle Alpi Centrali
- **Famiglia**
  Saxifragaceae

Fiori in infiorescenza terminale

Foglie opposte, carnose, obovate, lunghe 5-9 mm, cigliate

Petali molto distanziati tra loro, viola porpora o rosa, lanceolati, larghi al massimo 2 mm

Corolla del diametro di 8-12 mm con il centro giallo

foto Luigi Falco

Sassifraga dell'Argentera

Saxifraga florulenta

Pianta di 20-40 cm di altezza dal fusto ascendente, robusto, ramificato fin quasi dalla base, rossiccio, coperto di peli glandulosi

- **Fioritura**
  luglio-settembre
- **Habitat**
  falesie di granito o gneiss, preferibilmente ombreggiate, fenditure di rocce, su suolo acido
- **Altitudine**
  da 1900 a 3000 metri
- **Distribuzione**
  endemica delle Alpi Marittime
- **Famiglia**
  Saxifragaceae

Fiori in lunga pannocchia densa cilindrico-conica lunga 15-30 cm

Petali oblunghi, bianco-rosati lunghi 5-7 mm

Foglie caulinari densamente glandulose

Foglie in grossa rosetta basale del diametro di 20 cm

Foglie basali lanceolate, lunghe 6 cm e larghe 1 cm, verde scuro, coriacee, acuminate pungenti, pelose ai margini, disposte in modo regolare

NOTE

La crescita di questa specie è talmente lenta che per molto tempo sono solo visibili le rosette basali. Quando la pianta ha raggiunto un certo numero di anni fiorisce e dopodiché... muore. Proprio per questa sua caratteristica la sua fioritura è decisamente irregolare

- **Fioritura**
  aprile-luglio
- **Habitat**
  pietraie, fessure delle rocce, ghiaioni, macereti, morene, su suolo sia calcareo che acido
- **Altitudine**
  da 1600 a 3500 metri
- **Distribuzione**
  su tutto l'arco alpino
- **Famiglia**
  Saxifragaceae

Sassifraga a foglie opposte

Saxifraga oppositifolia

Pianta di 1-6 cm di altezza che forma densi cuscinetti, dai fusti prostrati lunghi 10-30 cm, densamente fogliosi

Fiori rosa del diametro di 8-15 mm

Fiori solitari all'apice dei rami fioriferi

Petali 5, largamente lanceolati

Sepali sovente porpora rossastri.

Foglie opposte, sessili, strette, lunghe 2,5-4 mm e larghe 1-3 mm, glauche, coriacee, con il bordo cigliato

NOTE

Si possono notare le foglie degli anni precedenti, di colore bruno, frammiste alle foglie dell'anno

Semprevivo ragnateloso

Sempervivum arachnoideum

Pianta di 5-15 cm di altezza dal fusto eretto, densamente foglioso

- **Fioritura**
  giugno-agosto
- **Habitat**
  fessure delle rocce, pietraie aride, muri, su suolo acido
- **Altitudine**
  fino a 3100 metri
- **Distribuzione**
  su quasi tutto l'arco alpino
- **Famiglia**
  Crassulaceae

Fiori in infiorescenza con un massimo di 20 fiori

Fiori del diametro di 1-3 cm

Petali 6-12, lanceolati, pubescenti, glandulosi nella parte inferiore, lunghi 5-10 mm, rosa carminio con una riga mediana più scura, saldati alla base

Stami numerosi con filamenti purpurei e antere violette

Foglie delle rosette lanceolate, glabre su entrambe le pagine ma con il bordo cigliato, verde chiaro con a volte delle sfumature porpora sulla punta, connesse le une alle altre da numerosi filamenti bianchi simili ad una ragnatela

Foglie basali in rosette più o meno chiuse del diametro di 5-15 mm

- **Fioritura**
  luglio-agosto
- **Habitat**
  rocce, prati sassosi, su suolo acido
- **Altitudine**
  da 1500 a 2800 metri
- **Distribuzione**
  su tutto l'arco alpino
- **Famiglia**
  Crassulaceae

Semprevivo montano

Sempervivum montanum

Pianta di 5-15 di altezza tomentosa, dal fusto eretto, densamente foglioso

Fiori del diametro di 1,6-3 cm

Fiori in infiorescenza di 6-12 fiori

Petali 10-15, lungamente acuminati, purpurei con una riga centrale più scura

Foglie in rosette basali del diametro di 4-5 cm

Foglie carnose, lanceolate, lunghe 8 mm e larghe 3 mm, interamente coperte di peli glandulosi, arrossate all'apice

Semprevivo dei tetti

Sempervivum tectorum

Pianta di 20-50 cm di altezza, dal fusto eretto, glanduloso e peloso, densamente foglioso

- **Fioritura**
  giugno-agosto
- **Habitat**
  fessure delle rocce, pendii aridi e soleggiati, tetti, terreno nudo, su suolo quasi neutro
- **Altitudine**
  fino a 2800 metri
- **Distribuzione**
  in gran parte dell'arco alpino anche se a "macchia di leopardo"
- **Famiglia**
  Crassulaceae

Fiori in infiorescenza con un massimo di 30 fiori

Fiori del diametro di 2-3 cm

Stami numerosi con filamenti e antere purpuree

Petali pubescenti, lungamente acuminati, tomentosi nella parte inferiore, lunghi 9-11 mm, rosa spento o porpora, saldati alla base

Foglie basali in rosette largamente aperte del diametro di 5-8 cm

Foglie delle rosette oblungo-lanceolate lunghe 2-4 cm e larghe 1-1,5 cm, sempre acuminate, coriacee, glabre su entrambe le pagine ma con il bordo cigliato, glaucescenti, con sfumature porpora soprattutto sulla punta

- **Fioritura**
  giugno-settembre
- **Habitat**
  prati rocciosi, rocce, detriti morenici, su suolo piuttosto calcareo ma anche moderatamente acido
- **Altitudine**
  da 1900 a 3800 metri
- **Distribuzione**
  su tutto l'arco alpino
- **Famiglia**
  Caryophyllaceae

Silene a cuscinetto

Silene acaulis

Pianta di 2-4 cm di altezza che forma densi cuscinetti appiattiti, del diametro di 20-30 cm, verde vivo, glabra, sovente dioica

Fiori solitari del diametro di 6-9 mm

Petali ovali da rosa a rosa carico, occasionalmente bianchi

Calice rossastro, cilindrico, bruscamente ristretto alla base

Peduncolo lungo al massimo 3 cm

Foglie in dense rosette, morbide, con il bordo cigliato, embricate, lunghe 5-12 mm

NOTE

Contrariamente al nome che porta (acaulis = privo di stelo), sovente possiede uno stelo a volte anche ben sviluppato

Silene a fiori sessili

Silene acaulis subsp. *exscapa*

Pianta di 1-3 cm di altezza che forma densi cuscinetti appiattiti o emisferici del diametro di 20-30 cm, verde vivo, glabra

- **Fioritura**
  giugno-settembre
- **Habitat**
  prati rocciosi, fessure delle rocce, detriti morenici, su suolo acido
- **Altitudine**
  da 1900 a 3800 metri
- **Distribuzione**
  su quasi tutto l'arco alpino
- **Famiglia**
  Caryophyllaceae

Fiori solitari del diametro di 4-7 mm

Petali rosa carico

Calice cilindrico progressivamente ristretto alla base

Peduncolo lungo al massimo 5 mm

Foglie in dense rosette, rigide, con il bordo cigliato, embricate, lunghe 3-6 mm

- **Fioritura**
  giugno-agosto
- **Habitat**
  prati, bordo dei boschi, su suolo calcareo
- **Altitudine**
  fino a 2300 metri
- **Distribuzione**
  su tutto l'arco alpino
- **Famiglia**
  Caryophyllaceae

Silene dioica

Silene dioica

Pianta dioica, di 30-60 cm di altezza, pubescente, dal fusto eretto, foglioso

Fiori in infiorescenze apicali

Foglie caulinari opposte, sessili di taglia minore rispetto a quelle basali

Calice lungo 10-13 mm bruno rossiccio

Foglie basali peduncolate, lanceolate, lunghe 6-8 cm e larghe 3-4 cm

Petali 5, porpora chiaro, con petali profondamente bilobati e con la base provvista di 2 piccole scaglie di colore più chiaro che formano una corona centrale

Betonica densiflora

Stachys pradica

Pianta di 10-30 cm di altezza dal fusto eretto, solitario, tomentoso, foglioso

- **Fioritura**
  luglio-agosto
- **Habitat**
  prati, pascoli, su suolo neutro
- **Altitudine**
  da 1300 a 2400 metri
- **Distribuzione**
  su tutto l'arco alpino
- **Famiglia**
  Lamiaceae

Fiori in spiga compatta terminale, dapprima globosa e poi cilindrica con alla base 2 brattee fogliacee

Foglie caulinari, generalmente solo una coppia, sessili, opposte

Labbro superiore piano, dritto, intero

Corolla porpora, bilabiata lunga 15-22 mm

Labbro inferiore trilobato con il lobo centrale più grande

Foglie basali peduncolate, ellittiche, lunghe 6-8 cm e larghe 1,5-2 cm, con il bordo crenato, tomentose su entrambe le pagine

- **Fioritura**
  giugno-agosto
- **Habitat**
  prati aridi, pendii rocciosi, su suolo calcareo
- **Altitudine**
  fino a 1700 metri
- **Distribuzione**
  su tutto l'arco alpino
- **Famiglia**
  Lamiaceae

Camedrio comune

Teucrium chamaedrys

Pianta di 10-35 cm di altezza dai fusti ascendenti, ramificati, tomentosi, quadrangolari, legnosi alla base, fogliosi

Fiori in verticilli di 1-6 all'ascella delle foglie superiori

Foglie ovali, lunghe 1-2,5 cm e larghe 7-10 mm, con evidenti nervature, un po' coriacee, con il bordo crenato, glabre o con peli scarsi

Corolla rosa lunga 1-1,5 cm senza labbro superiore

Labbro inferiore composto da 5 lobi, 4 superiori più piccoli e 1 inferiore di grandi dimensioni

Calice tomentoso, rossastro

Pigamo colombino

Thalictrum aquilegiifolium

Pianta di 40-140 cm di altezza dal fusto eretto, appena striato, glabro, foglioso su tutta la lunghezza, violaceo

- **Fioritura**
  maggio-luglio
- **Habitat**
  boschi e prati umidi ricchi di humus, su suolo calcareo
- **Altitudine**
  fino a 2100 metri
- **Distribuzione**
  su tutto l'arco alpino
- **Famiglia**
  Ranunculaceae

Fiori in corimbi densi, molto ramificati

Antere gialle lunghe 1,5 mm

Tepali 4-5, lunghi 6 mm, verdastri, rapidamente caduchi

Petali assenti, stami numerosi lilla chiari, rosa o più raramente bianchi

Foglie trilobate, con segmenti ovati lunghi 2-3 cm e larghi 1-2 cm divisi a loro volta in 3 lobi, glauche nella parte inferiore

- **Fioritura**
  maggio-agosto
- **Habitat**
  prati aridi, pascoli, pendii rocciosi, rocce, su suolo calcareo
- **Altitudine**
  fino a 2500 metri
- **Distribuzione**
  su tutto l'arco alpino
- **Famiglia**
  Lamiaceae

Timo a peli variabili

Thymus polytrichus

Pianta di 5-20 cm di altezza dai fusti prostrato-ascendenti, tomentosi, legnosi alla base, cilindrici, sovente radicanti

Fiori in infiorescenza globosa, all'estremità dei fusti

Corolla lunga 3-6 mm, rosa più o meno intenso, densamente pelosa sulla parte esterna, bilabiata con il labbro inferiore trilobato

Foglie lanceolate, brevemente peduncolate, lunghe fino a 12 mm, intere, un po' coriacee, densamente pelose su entrambe le pagine

NOTE

Questa pianta è generalmente molto conosciuta per le sue proprietà aromatiche che trovano in cucina gli usi più disparati e per la preparazione di liquori e tisane

Timo comune

Thymus serpyllum

- **Fioritura**
  maggio-agosto
- **Habitat**
  prati aridi, pascoli, pendii rocciosi, rocce, su suolo da neutro ad acido
- **Altitudine**
  fino a 2500 metri
- **Distribuzione**
  su tutto l'arco alpino
- **Famiglia**
  Lamiaceae

Pianta di 5-20 cm di altezza dai fusti prostrato-ascendenti, più o meno tomentosi, legnosi alla base, quadrangolari, sovente radicanti

Fiori in infiorescenza globosa, all'estremità dei fusti

Corolla lunga 3-6 mm, rosa più o meno intenso, tomentosa sulla parte esterna, bilabiata con il labbro inferiore trilobato

Foglie lanceolate, brevemente peduncolate, lunghe 4-8 mm, intere, glabre sulle due pagine, cigliate alla base

NOTE

Questa pianta è generalmente molto conosciuta per le sue proprietà aromatiche che trovano in cucina gli usi più disparati e per la preparazione di liquori e tisane

- **Fioritura**
  maggio-agosto
- **Habitat**
  pascoli leggermente umidi, su suolo calcareo
- **Altitudine**
  fino a 2500 metri
- **Distribuzione**
  su tutto l'arco alpino eccezion fatta per pochissime province
- **Famiglia**
  Orchidaceae

Orchide dei pascoli

Traunsteinera globosa

Pianta di 20-50 cm di altezza dal fusto eretto, striato, flessuoso, foglioso fino all'infiorescenza

Fiori in infiorescenza densa dapprima conica e poi globosa

Fiori numerosi, lunghi 7-9 mm, rosa chiaro con macchie porpora, privi di odore

Tepali dapprima uniti a formare un casco, che a maturità si allarga in lobi acuti

Sperone sottile, cilindrico, rivolto verso il basso

Labello lungo, trilobato, il cui lobo mediano è più largo dei laterali, rosa punteggiato di porpora

Foglie oblungo-lanceolate, inguainanti il fusto, glauche su entrambe le pagine, quelle basali lunghe fino a 13 cm, quelle superiori di taglia minore

Trifoglio alpino

Trifolium alpinum

Pianta di 5-20 cm di altezza, glabra, con il fusto legnoso alla base, dal quale si dipartono steli ascendenti. Può formare in alcuni casi estesi tappeti

- **Fioritura**
  giugno-agosto
- **Habitat**
  pascoli, prati, luoghi sassosi, su suolo acido
- **Altitudine**
  da 1700 a 2500 metri
- **Distribuzione**
  su quasi tutto l'arco alpino
- **Famiglia**
  Fabaceae

Fiori in infiorescenza di 3-12 fiori, lungamente peduncolata

Fiori profumati, rosa, purpurei o più raramente bianchi, lunghi 1,5-2 cm

Foglie tutte basali, lineari, lanceolate, lungamente peduncolate, trifogliate

Fogliole strette, lunghe 2-7 cm, glabre, finemente dentate e con evidenti nervature

NOTE

Questa specie possiede delle radici legnose che le permettono un solido ancoraggio al suolo.
È inoltre conosciuta in alcune vallate con il nome dialettale di "Feun" o "Erba dle feje" che significa "Erba delle pecore"

- **Fioritura**
  maggio-luglio
- **Habitat**
  boschi montani sia di latifoglia che di conifera, prati montani, su suolo acido
- **Altitudine**
  fino a 2800 metri
- **Distribuzione**
  su tutto l'arco alpino
- **Famiglia**
  Ericaceae

Mirtillo nero

Vaccinium myrtillus

Piccolo arbusto deciduo di 20-60 cm di altezza dal portamento eretto, glabro, dai rami verticali angolosi, verdi e flessibili

NOTE

Il fatto di avere i rami verdi porta la pianta a continuare la fotosintesi anche in inverno a patto di temperature non troppo rigide. È molto conosciuta per la bontà dei suoi frutti, che oltre a essere consumati freschi sono ottimi sottoforma di confetture e gelatine, nonché per le loro proprietà antiossidanti e il loro potere di migliorare la vista

Foglie caduche, alterne, ovali, acute, dal bordo finemente dentato, lunghe 1-2 cm e larghe 1-1,5 cm, verdi su entrambe le pagine, con fini nervature sulla pagina inferiore

Fiori generalmente solitari, all'ascella delle foglie, penduli, globosi, rosa più o meno intenso o più raramente bianco verdastri, del diametro di 4-5 mm, orlati da 4 piccoli lobi

Frutto bacca globosa del diametro di 5-7 mm, pruinosa, blu scuro, dolce e commestibile

Falso mirtillo

Vaccinium uliginosum

Piccolo arbusto deciduo di 20-80 cm di altezza dal portamento eretto, glabro, glauco, dai rami cilindrici marroni o grigiastri

- **Fioritura**
  maggio-luglio
- **Habitat**
  boschi umidi di montagna, praterie alpine, acquitrini, torbiere, su suolo acido
- **Altitudine**
  fino a 2800 metri
- **Distribuzione**
  su tutto l'arco alpino
- **Famiglia**
  Ericaceae

Fiori in gruppi di 1-3 all'ascella delle foglie, penduli, ovoidali, bianchi con sfumature rosa più o meno intenso, lunghi 3-4 mm, orlati da 4 piccoli lobi

Foglie caduche, obovate, dal bordo intero, lunghe 1-2 cm e larghe 1-1,5 cm, verde opaco sulla pagina superiore, glauche e con nervature sulla pagina inferiore

Frutto bacca subglobosa del diametro di 5-7 mm, pruinosa, nero-bluastra, commestibile ma insipida

- **Fioritura**
  giugno-agosto
- **Habitat**
  boschi radi, prati, torbiere, acquitrini, su suolo acido
- **Altitudine**
  fino a 2500 metri
- **Distribuzione**
  su tutto l'arco alpino
- **Famiglia**
  Ericaceae

Mirtillo rosso

Vaccinium vitis-idaea

Arbusto di 10-30 cm di altezza, sempreverde, dai fusti legnosi, eretti o ascendenti, poco ramificati, fogliosi

Fiori in grappolo pendulo di 3-6 fiori

Corolla campanulata del diametro di 5-6 mm, bianca o rosata, bordata da 4 piccoli lobi

Frutto bacca globosa del diametro di 5-8 mm, acida ma commestibile

Pagina superiore brillante, verde scuro

Pagina inferiore più chiara, opaca, punteggiata di glandule scure

Foglie persistenti, coriacee, ovali, lunghe 1-3 cm, intere e con il bordo revoluto

Valeriana montana

Valeriana montana

Pianta di 20-50 cm dal fusto eretto, sovente rossastro, ramificato nell'infiorescenza, pubescente nella parte apicale

- **Fioritura**
giugno-agosto
- **Habitat**
pietraie, pendii rocciosi, ghiaioni, su suolo calcareo
- **Altitudine**
fino a 2300 metri
- **Distribuzione**
su tutto l'arco alpino
- **Famiglia**
Caprifoliaceae

Fiori in corimbo terminale

Corolla da rosa pallido a bianca del diametro di 3,5-6 mm

Foglie caulinari opposte, sessili, seminguainanti il fusto, di taglia minore, le superiori ridotte a brattee

Foglie basali largamente ovali o lanceolate lunghe 3-6 cm e larghe 1,5-3 cm, intere o debolmente dentate

- **Fioritura**
  giugno-agosto
- **Habitat**
  boschi, sorgenti, luoghi ombrosi, terreni rocciosi, su suolo calcareo
- **Altitudine**
  da 600 a 2200 metri
- **Distribuzione**
  su tutto l'arco alpino
- **Famiglia**
  Caprifoliaceae

Valeriana trifogliata

Valeriana tripteris

Pianta di 20-50 cm di altezza dal fusto eretto, glabro, striato longitudinalmente

Fiori in infiorescenza rada formata da numerosi corimbi

Corolla campanulata lunga 3-5 mm, rosa pallido o bianca

Foglie caulinari divise in 3 segmenti di cui il centrale più sviluppato

Foglie basali ovali-cuoriformi, lungamente peduncolate, verde-grigio o glaucescenti, lunghe 3-5 cm e larghe 2-3 cm, con il margine dentato

Crotonella alpina

Viscaria alpina

Pianta di 5-15 cm di altezza dal fusto eretto, solitario, glabro, poco foglioso

- **Fioritura**
  luglio-agosto
- **Habitat**
  prati, pascoli, su suolo acido
- **Altitudine**
  da 2000 a 2800 metri
- **Distribuzione**
  parte delle Alpi Occidentali e parte delle Alpi Centrali
- **Famiglia**
  Caryophyllaceae

Fiori in denso capolino terminale di 6-20 fiori

Fiori del diametro di 5-10 mm

Stami con filamenti ricurvi

Petali 5, rosa carico, profondamente bifidi

Foglie caulinari opposte, lineari lanceolate, seminguainanti il fusto, glaucescenti

Foglie basali in rosetta, lanceolate

- **Fioritura**
  giugno-agosto
- **Habitat**
  prati, pascoli sassosi, su suolo acido
- **Altitudine**
  da 1300 a 2600 metri
- **Distribuzione**
  su quasi tutto l'arco alpino
- **Famiglia**
  Rosaceae

Alchemilla alpina

Alchemilla alpina

Pianta di 10-30 cm di altezza, tomentosa, legnosa alla base, dai fusti ascendenti, pubescenti, fogliosi

Fiori verde pallido, privi di corolla, del diametro di 1 mm, in glomeruli lungamente peduncolati

Foglie digitate in 5-7 lobi di cui le 3 centrali divise fino al centro della foglia

Foglioline lanceolate, lunghe 1-3 cm, dentate all'apice, bordate di bianco per la pelosità argentea della pagina inferiore

Pagina superiore verde scuro, lucida

Pagina inferiore bianca, fortemente tomentosa

Celoglosso

Dactylorhiza viridis

Pianta di 10-25 cm di altezza dal fusto eretto, angoloso, solitario, foglioso

- **Fioritura**
  maggio-agosto
- **Habitat**
  prati, pascoli, su suolo acido
- **Altitudine**
  da 500 a 2500 metri
- **Distribuzione**
  su tutto l'arco alpino
- **Famiglia**
  Orchidaceae

Fiori in spiga cilindrica lunga 3-10 cm, di 5-20 fiori

Fiori del diametro di 10-18 mm, verde giallastri sovente con sfumature porpora

Brattee lanceolate più lunghe dei fiori

Tepali uniti a formare un casco

Sperone corto

Labello lungo 5-10 mm, verde giallastro o rosso brunastro, pendente, generalmente trilobato con il lobo mediano denticolato

Foglie 3-7, sessili, lanceolate, inguainanti il fusto lunghe 4-6 cm e larghe 2-2,5 cm

- **Fioritura**
  luglio-agosto
- **Habitat**
  pietraie, morene, su suolo acido
- **Altitudine**
  da 1300 a 3000 metri
- **Distribuzione**
  Alpi Occidentali e Centrali
- **Famiglia**
  Caryophyllaceae

Erniaria alpina

Herniaria alpina

Pianta di 5-10 cm di altezza, pubescente, verde giallastra, che forma cuscinetti densi, dai fusti legnosi alla base, prostrati, ramificati

Fiori del diametro di 4 mm in piccoli glomeruli di 2-3 fiori all'apice dei rami

Sepali 5, villosi pubescenti, verde giallastri, petali insignificanti o assenti

Foglie ovali o lanceolate, lunghe 5 mm e larghe 1-2,5 mm, verde giallastro, più o meno glabre su entrambe le pagine ma con il bordo cigliato

Minuartia sedoide

Minuartia sedoides

Pianta di 2-6 cm di altezza che forma densi cuscinetti che possono raggiungere i 20 cm di diametro, verdi chiaro, che a prima vista possono ricordare del muschio

- **Fioritura**
  luglio-agosto
- **Habitat**
  rocce, prati alpini, creste ventose, morene, su suolo piuttosto acido
- **Altitudine**
  da 1800 a 3800 metri
- **Distribuzione**
  su tutto l'arco alpino eccezion fatta per alcune province
- **Famiglia**
  Caryophyllaceae

Fiori solitari, privi di petali

Sepali 5, ottusi, lunghi 1,5-3 mm, verde giallastro

Foglie densissime, strettamente lanceolate, lunghe 3-6 mm, generalmente glabre

- **Fioritura**
  maggio-agosto
- **Habitat**
  fessure delle rocce, macereti, ghiaioni, su suolo calcareo
- **Altitudine**
  da 1100 a 3000 metri
- **Distribuzione**
  su tutto l'arco alpino
- **Famiglia**
  Rhamnaceae

Spaccasassi

Rhamnus pumila

Piccolo arbusto dioico di 5-20 cm di altezza con fusti legnosi e rami contorti che crescono appressati a rocce e sassi

Fiori in piccoli gruppi alla base dei rami giovani

Corolla del diametro di 4-5 mm, verdastra, con 4 lobi lanceolati

Frutti bacche sferiche, del diametro di 6-8 mm, verdi, poi rosse e infine nere bluastre a maturità

Foglie alterne, brevemente peduncolate, riunite in piccoli gruppi all'apice dei rami, ovali-ottuse, lunghe 3-6 cm e larghe 1-2 cm, finemente dentate, con 5-9 paia di nervature ben evidenti, parallele, che partono dalla nervatura centrale

Salice erbaceo

Salix herbacea

- **Fioritura**
  giugno-agosto
- **Habitat**
  praterie alpine, vallette nivali, ghiaioni, su suolo acido
- **Altitudine**
  da 1800 a 3000 metri
- **Distribuzione**
  su tutto l'arco alpino
- **Famiglia**
  Salicaceae

Piccolo arbusto, dioico, caducifoglio, dal portamento prostrato-ascendente di 1-3 cm di altezza, con rami per lo più sotterranei, glabri lunghi 2-8 cm. Solo i rami giovani compaiono sulla superficie del terreno

Fiori in amenti eretti, terminali, giallo verdognoli, lunghi 0,5-1 cm, che compaiono allo stesso tempo delle foglie o poco dopo

Frutti capsule coniche, glabre, lunghe 5-6 mm

Foglie ovali-arrotondate, lunghe 0,5-3 cm, finemente seghettate, lucide, verde chiaro su entrambe le pagine, glabre o con pochi peli presenti sulla pagina inferiore, con evidenti nervature

NOTE

Questa specie è talmente poco vistosa che sovente viene calpestata inavvertitamente

- **Fioritura**
  giugno-agosto
- **Habitat**
  ghiaioni stabilizzati umidi, massi rocciosi, vallette nivali, su suolo acido
- **Altitudine**
  da 1500 a 2700 metri
- **Distribuzione**
  su tutto l'arco alpino
- **Famiglia**
  Salicaceae

Salice reticolato

Salix reticulata

Piccolo arbusto, dioico, caducifoglio, dal portamento prostrato-ascendente di 3-8 cm di altezza, con rami glabri lunghi 10-80 cm, sia sotterranei che superficiali, radicanti

Foglie arrotondate o ellittiche, coriacee, lunghe 1-4 cm, con peduncolo rossastro

Fiori in amenti eretti, terminali, lunghi 2-3 cm, che compaiono allo stesso tempo delle foglie. Amenti maschili arancio o rossicci, amenti femminili grigio-verdi

Pagina inferiore biancastra, setosa, dal bordo ricurvo non dentellato

Frutti capsule vellutate grigiastre lunghe 2-3 mm

Pagina superiore verde scuro brillante e con nervature che formano un reticolo

Foglie giovani bianco-lanose su entrambe le pagine. A maturità solo la pagina inferiore mantiene la pubescenza

Salice refuso

Salix retusa

Piccolo arbusto, dioico, caducifoglio, dal portamento prostrato-ascendente di 3-10 cm di altezza, con rami glabri lunghi 5-40 cm, radicanti

- **Fioritura**
  giugno-agosto
- **Habitat**
  fessure delle rocce, ghiaioni, vallette nivali, su suolo calcareo
- **Altitudine**
  da 1400 a 2800 metri
- **Distribuzione**
  su tutto l'arco alpino
- **Famiglia**
  Salicaceae

Fiori in amenti eretti, terminali, lunghi 1-1,5 cm, che compaiono allo stesso tempo delle foglie

Foglie glabre, ovali lunghe 1-2 cm e larghe 0,5-1 cm dal bordo intero o appena dentellato, verde brillante su entrambe le pagine

Frutti capsule coniche, glabre lunghe 3,5-5 mm

- **Fioritura**
  giugno-agosto
- **Habitat**
  rocce, terreni rocciosi, vallette nivali, morene, su suolo calcareo
- **Altitudine**
  da 1500 a 2800 metri
- **Distribuzione**
  su tutto l'arco alpino
- **Famiglia**
  Salicaceae

Salice a foglie di serpillo

Salix serpyllifolia

Piccolo arbusto, dioico, caducifoglio, dal portamento prostrato-ascendente di 1-4 cm di altezza, con rami glabri lunghi 5-20 cm. I rami giovani sono generalmente lucidi e viscosi

Fiori in amenti eretti, terminali, globosi del diametro di 2-6 mm, che compaiono dopo le foglie

Foglie ottuse o arrotondate, lunghe 4-8 mm e larghe 3-4 mm, dal bordo intero. Pagina superiore ricoperta da uno strato ceroso

Frutti capsule coniche, glabre, lunghe 2-3 mm

Veratro bianco

Veratrum album

Pianta di 50-150 cm di altezza dal fusto eretto, robusto, pubescente nella parte superiore, cilindrico, foglioso

- **Fioritura** giugno-agosto
- **Habitat** prati montani più o meno umidi, pascoli, radure, boschi radi, su suolo calcareo
- **Altitudine** fino a 2700 metri
- **Distribuzione** su tutto l'arco alpino
- **Famiglia** Melanthiaceae

Fiori in grappolo terminale denso lungo 25-40 cm

Fiori stellati del diametro di 12-15 mm, giallo verdastri

Foglie inguainanti il fusto, inserite a spirale, alterne

Foglie larghe, ovali, plissettate longitudinalmente, pubescenti sulla pagina inferiore, lunghe 10-25 cm

NOTE

Pianta velenosa che può essere confusa dai neofiti con la Gentiana lutea *che però presenta foglie opposte*

Millefoglio erba-rota

Achillea erba-rotta

- **Fioritura**
  luglio-agosto
- **Habitat**
  rocce, pietraie, morene, macereti, generalmente su suolo acido
- **Altitudine**
  da 2000 a 2800 metri
- **Distribuzione**
  nelle sole province di Cuneo e Torino
- **Famiglia**
  Asteraceae

Pianta di 10-18 di altezza, subglabra, dai fusti legnosi striscianti e dai fusti fioriferi eretti

Fiori in corimbo apicale con pochi fiori e con rami angolosi

Foglie caulinari sessili, alterne, lineari larghe 2-3 mm

Fiori centrali tubulosi biancastri

Fiori ligulati della circonferenza 4-7, bianchi

Fiori del diametro di 8-14 mm

Foglie dei fusti sterili in rosette basali

Foglie basali glabre, perforate da una moltitudine di piccolissimi buchi, spatolate, peduncolate, lunghe 2,6-3 cm e larghe 5-7 mm, dentate all'apice

NOTE

Questa specie aromatica viene utilizzata nella preparazione di liquori

Millefoglio nano

Achillea nana

Pianta di 5-10 cm di altezza, grigio-tomentosa, lanosa, molto aromatica, dal fusto eretto, violaceo, coperto di peli biancastri

- **Fioritura**
  luglio-settembre
- **Habitat**
  fessure delle rocce, ghiaioni, pietraie, su suolo povero di calcare
- **Altitudine**
  generalmente al di sopra dei 2000 metri
- **Distribuzione**
  su quasi tutto l'arco alpino, eccetto l'estrema parte est
- **Famiglia**
  Asteraceae

Fiori in corimbo apicale formato da 5-7 capolini del diametro di 9-11 mm

Fiori ligulati della circonferenza bianchi

Fiori centrali tubulosi giallastri

Fusto eretto, violaceo, ricoperto di peli biancastri

Foglie in rosette basali, bipennatosette, lanceolate, molto tomentose, lunghe 3-6 cm e larghe 0,5-1 cm

NOTE

L'intera pianta viene usata per fare liquori

- **Fioritura**
  maggio-luglio
- **Habitat**
  rocce, pietraie, prati, su suolo acido
- **Altitudine**
  da 1600 a 2800 metri
- **Distribuzione**
  nelle sole province di Cuneo e Torino
- **Famiglia**
  Primulaceae

Androsace cozia

Androsace adfinis subsp. *brigantiaca*

Pianta di 2-8 cm di altezza dal fusto eretto, debolmente tomentoso

Fiori in piccola ombrella terminale, di 2-7 fiori

Corolla bianca del diametro di 5-9 mm con leggere sfumature rosa verso il centro e con la gola gialla

Foglie in rosette basali

Foglie lineari, lunghe 1-3 cm e larghe 1-2,5 mm, leggermente dentate all'apice

Anemone narcissino

Anemone narcissiflora

Pianta di 20-50 cm di altezza dal fusto eretto, tomentoso, non ramificato

- **Fioritura**
  maggio-luglio
- **Habitat**
  prati, pascoli,
  su suolo calcareo
- **Altitudine**
  da 1000 a 2500 metri
- **Distribuzione**
  su tutto l'arco alpino
- **Famiglia**
  Ranunculaceae

Fiori in ombrella terminale di 3-8 fiori del diametro di 2-3 cm

Foglie caulinari sessili, da glabre a pubescenti, tripartite, che formano un verticillo all'ascella dei fiori

Antere gialle

Tepali 5-6, bianchi spesso sfumati di rosa all'esterno

Foglie basali con il peduncolo lungo fino a 10 cm, palmate, divise in 3-5 lobi profondamente incisi

- **Fioritura**
  giugno-luglio
- **Habitat**
  praterie, pascoli magri, terreni sassosi, su suolo acido
- **Altitudine**
  da 700 a 3000 metri
- **Distribuzione**
  su tutto l'arco alpino
- **Famiglia**
  Asteraceae

Sempiterni di montagna

Antennaria dioica

Pianta dioica di 5-25 cm di altezza, tappezzante, bianco-tomentosa, con stoloni aerei lunghi 2-10 cm terminanti in una rosetta. Fusti eretti angolosi, tomentosi, fogliosi fino in alto

Fiori in piccolo corimbo compatto, terminale, di 3-12 capolini del diametro di 5-8 mm

Fiori maschili con brattee larghe e subovali bianche o rosate

Fiori femminili con brattee oblungo-lanceolate, generalmente rosa

Foglie caulinari strettamente lanceolate, appressate al fusto, entrambe verde-grigio e con pochi peli sulla pagina superiore, bianco tomentose su quella inferiore

Foglie basali in rosette all'estremità degli stoloni, spatolato-arrotondate, spesso mucronate all'apice, lunghe 1-3 cm

Liliagine

Anthericum liliago

Pianta di 30-60 cm di altezza, dal fusto eretto, glabro, cilindrico, privo di foglie

- **Fioritura**
  maggio-luglio
- **Habitat**
  pendii asciutti, pascoli soleggiati, su suolo acido
- **Altitudine**
  da 700 a 1800 metri
- **Distribuzione**
  su quasi tutto l'arco alpino
- **Famiglia**
  Asparagaceae

Fiori in grappolo terminale di 10-20 fiori

Fiori stellati del diametro di 3-5 cm

Tepali 6, bianchi, con 3 venature verdastre, saldati solo alla base

Foglie tutte basali, lineari, lunghe 10-40 cm e larghe 3-7 mm, in ogni caso più corte del fusto

- **Fioritura**
  giugno-luglio
- **Habitat**
  creste ventose, pascoli, rocce, zone dove la neve tende a rimanere a lungo sul terreno, su suolo calcareo
- **Altitudine**
  da 1600 a 2500 metri
- **Distribuzione**
  su quasi tutto l'arco alpino
- **Famiglia**
  Ericaceae

Corbezzolo alpino

Arctostaphylos alpinus

Piccolo arbusto caducifoglio, dal portamento prostrato, i cui numerosi rami lunghi anche 30 cm formano una spalliera adagiata sul terreno

Fiori in infiorescenza di 2-5 fiori

Corolla rotondo-campanulata del diametro di 4-5,5 mm bianco verdastra

Foglie sottili, ovato-spatolate, allungate, lunghe 1-4 cm, attenuate in un lungo peduncolo, dal bordo finemente seghettato, sovente sfumato di rosa, provviste di radi peli, verde brillante su entrambe le pagine, decisamente reticolate sulla pagina superiore. In autunno si tingono di un bel rosso lucido

Frutti bacche globose del diametro di 6-9 mm, dapprima verdi, poi rosse e infine blu-nere, lucide a maturità

Asfodelo montano

Asphodelus albus

Pianta di 60-120 cm di altezza, dal fusto eretto, glabro, cilindrico, privo di foglie, poco ramificato

- **Fioritura**
  maggio-luglio
- **Habitat**
  prati asciutti, pendii assolati, su suolo da neutro a poco acido
- **Altitudine**
  fino a 1600 metri
- **Distribuzione**
  su tutto l'arco alpino
- **Famiglia**
  Xanthorrhoeaceae

Fiori in grappolo terminale, denso, lungo 10-50 cm

Fiori all'ascella di brattee marroni

Tepali 6, lunghi 2 cm, arrotondati all'apice, con una nervatura centrale verde

Foglie tutte basali, lineari, lunghe 50-70 cm e larghe 2-2,5 cm, carnose, scanalate

- **Fioritura**
  maggio-agosto
- **Habitat**
  pascoli, prati da sfalcio, boschi radi, su suolo calcareo
- **Altitudine**
  fino a 2000 metri
- **Distribuzione**
  su tutto l'arco alpino
- **Famiglia**
  Apiaceae

Astranzia maggiore

Astrantia major

Pianta di 30-70 cm di altezza dal fusto eretto, ramificato nella parte alta, poco foglioso

Fiori in ombrella del diametro di 2-3 cm attorniata da un collare di brattee lanceolate, acute, bianche o rosate, con un reticolo verde all'apice

Corolla piccola con petali conniventi

Foglie basali lungamente peduncolate, palmate, del diametro di 8-12 cm e divise in 5 segmenti lobati, dentellati sul margine

Falsa pratolina

Bellidiastrum michelii

Pianta di 5-25 cm di altezza dal fusto eretto, non ramificato, pubescente

- **Fioritura**
  giugno-luglio
- **Habitat**
  prati, pascoli alpini ricchi di sostanze nutritive, pietraie umide, bordo dei ruscelli, su suolo calcareo
- **Altitudine**
  da 700 a 2500 metri
- **Distribuzione**
  su tutto l'arco alpino
- **Famiglia**
  Asteraceae

- **Fioritura**
  luglio-agosto
- **Habitat**
  ghiaioni, macereti, sovente su suolo calcareo
- **Altitudine**
  generalmente al disopra dei 1500 metri
- **Distribuzione**
  nelle sole province di Cuneo e Torino
- **Famiglia**
  Asteraceae

Berardia

Berardia subacaulis

Pianta di 5-15 cm di altezza dal fusto quasi assente, interamente ricoperta di peli

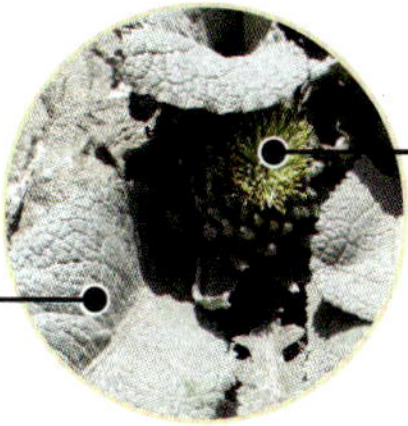

Fiori in capolino unico, di colore giallastro, emisferico, del diametro di 5-7 cm, circondato da squame tomentose

Foglie in rosetta, da ovali a subrotonde, lunghe fino a 15 cm, coriacee

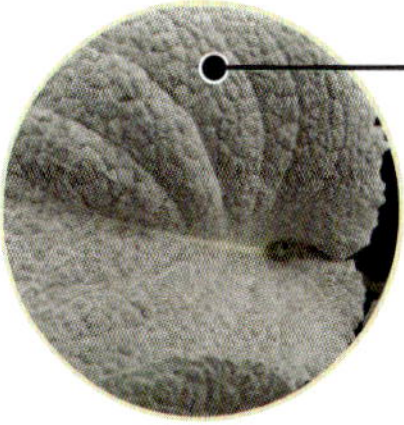

Foglie bianche tomentose sulla pagina superiore, densamente feltrate e con evidenti nervature sulla pagina inferiore

Carlina zolfina

Carlina acanthifolia

Pianta di 3-6 cm di altezza, praticamente priva di fusto

- **Fioritura**
  luglio-settembre
- **Habitat**
  prati rocciosi, pascoli aridi e assolati, su suolo calcareo
- **Altitudine**
  fino a 2200 metri
- **Distribuzione**
  Alpi Sud Occidentali e Valle d'Aosta
- **Famiglia**
  Asteraceae

Fiori in capolino, centrale, sessile, solitario del diametro di 10-15 cm

Fiori centrali tubulosi, giallastri

Brattee interne aperte giallo paglia lunghe 3-4 cm e larghe 3-4 mm

Involucro con brattee esterne brune intricate, spinose

Foglie in rosetta basale appressata al suolo

Foglie lunghe fino a 30 cm e larghe 9 cm, coriacee, lanceolate, pennatosette, spinose, bianco tomentose sulla pagina inferiore e sovente anche su quella superiore

NOTE

I fiori di questa specie hanno la particolarità di chiudersi con il tempo umido e di riaprirsi a tempo asciutto. Essi possono dunque servire da veri e propri barometri. Per questo motivo veniva tradizionalmente inchiodata alle porte delle baite

- **Fioritura**
  giugno-agosto
- **Habitat**
  pascoli, prati, boschi radi di larice, su suolo sia acido che calcareo
- **Altitudine**
  fino a 2400 metri
- **Distribuzione**
  su quasi tutto l'arco alpino
- **Famiglia**
  Asteraceae

Carlina

Carlina acaulis

Pianta di 3-15 cm di altezza dal fusto eretto, brunastro

Brattee interne aperte, lunghe 2,5-3,3 cm e larghe 3 mm, bianco argentato, lucide

Fiori in capolino solitario, terminale, del diametro di 3,5-5 cm

Fiori centrali tubulosi, biancastri o vinosi

Involucro con brattee esterne brune, intricate, spinose

NOTE

I fiori di questa specie hanno la particolarità di chiudersi con il tempo umido e di riaprirsi a tempo asciutto. Essi possono dunque servire da veri e propri barometri

Foglie in rosetta basale

Foglie pennatosette lunghe 10-20 cm e larghe 3-5 cm, con segmenti profondamente lobati, spinosi

Cefalantera maggiore

Cephalanthera longifolia

Pianta di 20-60 cm di altezza dal fusto eretto, glabro, foglioso fino all'infiorescenza

- **Fioritura**
  maggio-giugno
- **Habitat**
  boschi sia di latifoglia che di conifera, in mezz'ombra, su suolo calcareo
- **Altitudine**
  fino a 1600 metri
- **Distribuzione**
  su tutto l'arco alpino
- **Famiglia**
  Orchidaceae

Fiori in spiga densa di 6-18 fiori, lunga 15-30 cm

Fiori del diametro di 1,2-1,8 cm bianchi

Tepali lanceolati, acuti

Labello rivolto in alto lungo 8-9 mm e con una macchia gialla alla base

Foglie lanceolate, acute, lunghe 4-7 cm e larghe 1-2 cm, rigide, verde vivo, scanalate

- **Fioritura**
luglio-agosto
- **Habitat**
pietraie, morene, su suolo calcareo
- **Altitudine**
da 1600 a 3000 metri
- **Distribuzione**
su gran parte dell'arco alpino eccezion fatta la sua parte orientale
- **Famiglia**
Caryophyllaceae

Cerastio a foglie larghe

Cerastium latifolium

Pianta di 5-10 cm di altezza, tomentosa, glandulosa, che forma cuscinetti lassi, dai fusti prostrato-ascendenti, fogliosi

Fiori solitari o 2, terminali, quasi campanulati, del diametro di 1,8-2,5 cm

Petali 5, bianchi, poco divisi, lunghi il doppio del calice

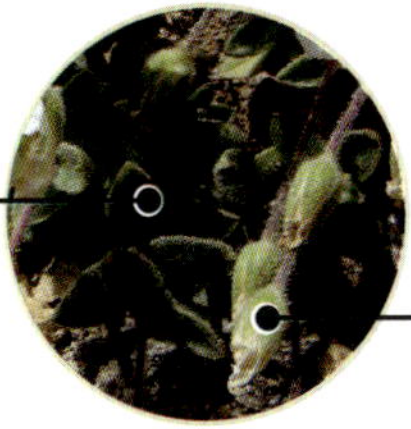

Foglie ovali, lunghe 1,3-1,7 cm e larghe 6-8 mm, appuntite, rigide, glauche, un po' carnose, villose, a volte glandulose

Brattee villose

Cardo spinosissimo

Cirsium spinosissimum

Pianta di 20-50 cm di altezza dal fusto eretto, angoloso, tomentoso, semplice o poco ramificato, foglioso fino all'apice

- **Fioritura**
  luglio-settembre
- **Habitat**
  pascoli, sovente intorno alle malghe, terreni pietrosi ricchi di sostanze organiche, bordo dei ruscelli, su suolo calcareo
- **Altitudine**
  da 1000 a 3000 metri
- **Distribuzione**
  su tutto l'arco alpino
- **Famiglia**
  Asteraceae

Fiori in capolini terminali del diametro di 2-2,5 cm in gruppi di 2-10 molto compatti, agglomerati

Fiori solo tubulosi, giallastri

Brattee fogliacee bianco giallastre coriacee, dentate, spinose, più lunghe dei fiori

Foglie caulinari inguainanti il fusto, progressivamente di taglia minore

Foglie basali coriacee, lunghe 20-40 cm e larghe 5-8 cm, lineari-lanceolate, profondamente incise, provviste di spine lunghe 4-7mm

- **Fioritura**
  marzo-maggio
- **Habitat**
  prati freschi e ricchi di humus, sia su suolo acido che calcareo
- **Altitudine**
  fino a 2300 metri
- **Distribuzione**
  su tutto l'arco alpino
- **Famiglia**
  Iridaceae

Croco bianco

Crocus albiflorus

Pianta bulbosa di 5-15 cm di altezza, glabra, con fiori e foglie che si sviluppano direttamente dal bulbo

Fiori solitari del diametro di 2-4 cm, imbutiformi

Tepali 6, bianchi o viola

Pistillo aranciato diviso in 3

Foglie che compaiono alla fioritura, tutte basali, strettamente lineari, larghe 3 mm, con una nervatura centrale bianca

NOTE

Questa specie forma sovente grandi gruppi nei prati montani

Rosolida

Drosera rotundifolia

Pianta carnivora di 5-12 cm di altezza, dal fusto eretto, generalmente non ramificato, che parte dal centro della rosetta basale

- **Fioritura**
  giugno-agosto
- **Habitat**
  torbiere, zone umide povere di sostanze nutritive, sfagneti, su suolo acido
- **Altitudine**
  fino a 2000 metri
- **Distribuzione**
  su tutto l'arco alpino
- **Famiglia**
  Droseraceae

Fiori in esile spiga composta da 6-10 fiori

Petali 5, bianchi, lunghi 4-6 mm

Foglie arrotondate di 5-8 mm di diametro, coperte sulla pagina superiore di peli rosso porpora, molto viscosi, provvisti di glandule che permettono alla pianta di intrappolare e digerire piccoli insetti

Foglie in rosetta basale allargata al suolo

NOTE

La sua biologia particolare le permette di rimediare alle carenze del substrato per quanto riguarda l'azoto

- **Fioritura**
  maggio-agosto
- **Habitat**
  terreni sassosi, detriti consolidati, rocce, prati, su suolo calcareo
- **Altitudine**
  da 1100 a 3000 metri
- **Distribuzione**
  su tutto l'arco alpino
- **Famiglia**
  Rosaceae

Camedrio alpino

Dryas octopetala

Piccolo arbusto di 2-15 cm di altezza, tappezzante, con fusti prostrato-ascendenti, legnosi, striscianti, che possono raggiungere i 50 cm di lunghezza

Fiori solitari, bianchi, del diametro di 2-4 cm, con 8 petali e numerosi stami gialli

Peduncolo florale lungo 5-10 cm, coperto di peli

Semi acheni di aspetto piumoso argentato brillante

NOTE

Le foglie sempreverdi servono da nutrimento invernale agli animali e il the che si ottiene dalle sue foglie è utilizzato a fini medicinali

Foglie sempreverdi, coriacee, peduncolate, ovali o ellittiche lunghe 1-2,5 cm con il bordo crenato

Pagina inferiore bianco tomentosa

Pagina superiore verde scuro brillante

Cespica uniflora

Erigeron uniflorus

Pianta di 2-15 cm di altezza dal fusto solitario, eretto, rossiccio, pubescente

- **Fioritura**
  luglio-agosto
- **Habitat**
  pascoli, fessure delle rocce, vallette nivali, su suolo acido
- **Altitudine**
  da 1900 a 2800 metri
- **Distribuzione**
  su tutto l'arco alpino
- **Famiglia**
  Asteraceae

Fiori in capolino solitario, terminale, del diametro di 1-2,5 cm

Fiori ligulati della circonferenza bianchi, lilla o rosa pallido

Fiori centrali tubulosi gialli

Involucro emisferico rossastro coperto di peli biancastri

Foglie strettamente spatolate, intere, lunghe 2-4 cm e larghe 4-7 mm, provviste di radi peli su entrambe le pagine e sul bordo

- **Fioritura**
  luglio-agosto
- **Habitat**
  bordo dei laghi e stagni alpini, luoghi umidi, torbiere, su suolo acido
- **Altitudine**
  da 1500 a 2700 metri
- **Distribuzione**
  su tutto l'arco alpino
- **Famiglia**
  Cyperaceae

Erioforo di Scheuchzer

Eriophorum scheuchzeri

Pianta di 10-30 cm di altezza glabra, con lunghi stoloni sotterranei, dal fusto eretto, cilindrico

Semi in fiocco bianco e setoso molto denso del diametro di 2-4 cm

Fiori in spiga terminale, globosa, lunga meno di 1 cm munita alla base di scaglie nerastre

Foglie basali 1-2, strettamente lineari, scanalate, lisce, con una guaina bruna

NOTE

Questa specie si trova sovente in grandi gruppi

Laserpizio erba-nocitola

Laserpitium latifolium

Pianta di 50-150 cm di altezza dal fusto eretto glaucescente, che può raggiungere i 2 cm di diametro, striato longitudinalmente, ramificato

- **Fioritura**
  luglio-agosto
- **Habitat**
  pendii aridi, prati soleggiati, su suolo da neutro a calcareo
- **Altitudine**
  da 500 a 2300 metri
- **Distribuzione**
  su tutto l'arco alpino
- **Famiglia**
  Apiaceae

Fiori in ombrella terminale del diametro di 10-25 cm composta da 20-40 raggi

Fiori bianco giallastri del diametro di 1,5 mm

Peduncolo della foglia che si inserisce nel fusto tramite un'ampia guaina

Foglie caulinari simili a quelle basali ma di taglia minore

Foglie basali lungamente peduncolate, bipennate, divise in segmenti ovali lunghi 8-10 cm e larghi 6-8 cm, sovente asimmetrici, seghettati

- **Fioritura**
  luglio-agosto
- **Habitat**
  pendii aridi, luoghi rocciosi, pietraie, su suolo calcareo
- **Altitudine**
  da 500 a 2500 metri
- **Distribuzione**
  su tutto l'arco alpino
- **Famiglia**
  Apiaceae

Laserpizio sermontano

Laserpitium siler

Pianta di 40-100 cm di altezza glauca dal fusto eretto, glabro, striato longitudinalmente

Fiori bianchi del diametro di 1,4 mm

Fiori in ombrella terminale del diametro di 6-15 cm, composta da 20-30 raggi

Foglie basali lungamente peduncolate, glaucescenti, bipennate, divise in segmenti lanceolati, interi, 3-4 volte più lunghi che larghi con nervature traslucide e reticolate

Foglie caulinari simili a quelle basali ma di taglia minore

- **Fioritura**
  luglio-settembre
- **Habitat**
  prati alpini rocciosi, soleggiati, rocce, su suolo calcareo
- **Altitudine**
  da 1700 a 3400 metri
- **Distribuzione**
  su tutto l'arco alpino eccezion fatta per pochissime province
- **Famiglia**
  Asteraceae

Stella alpina

Leontopodium nivale subsp. *alpinum*

Pianta di 3-20 cm di altezza, bianca grigiastra, tomentosa, lanosa, dal fusto non ramificato, foglioso

Fiori in piccolo corimbo compatto, terminale di 2-10 capolini del diametro di 5-7 mm

Fiori tubulosi giallastri

Infiorescenza attorniata da 5-15 brattee decisamente lanose, biancastre, allargate a stella

Foglie intere, strettamente lanceolate lunghe 5 cm e larghe 0,8 cm, tomentose

- **Fioritura**
  luglio-agosto
- **Habitat**
  ghiaioni, morene, luoghi rocciosi, su suolo acido
- **Altitudine**
  da 1500 a 3200 metri
- **Distribuzione**
  su tutto l'arco alpino
- **Famiglia**
  Asteraceae

Margherita alpina

Leucanthemopsis alpina

Pianta di 5-15 cm di altezza, dal fusto solitario. Forma piccoli cuscinetti

Lino suffruticoso

Linum suffruticosum subsp. *appressum*

Pianta di 5-30 cm di altezza, legnosa alla base, con fusti ascendenti, fogliosi, ramificati, con presenza di fusti sterili

- **Fioritura**
  maggio-luglio
- **Habitat**
  pietraie, prati aridi, su suolo calcareo
- **Altitudine**
  fino a 1700 metri
- **Distribuzione**
  nelle sole province di Cuneo e Torino
- **Famiglia**
  Linaceae

Fiori campanulati, del diametro di 2-2,5 cm, bianchi con il centro rosa

Petali 5, con striature rosa

Boccioli spiralati e rosa intenso prima della fioritura

Foglie alterne, lineari-aghiformi, larghe 1-2 mm, glaucescenti

- **Fioritura**
  aprile-giugno
- **Habitat**
  prati umidi, pascoli su suolo da neutro a poco calcareo
- **Altitudine**
  fino a 2300 metri
- **Distribuzione**
  su tutto l'arco alpino
- **Famiglia**
  Amaryllidaceae

Narciso selvatico

Narcissus poeticus

Pianta bulbosa di 20-40 cm di altezza dal fusto compresso e solcato, con foglie tutte basali

Fiori dapprima racchiusi in una brattea membranacea, generalmente solitari, del diametro di 4-6 cm, molto profumati

Corona centrale di 1 cm di diametro, corta, giallo pallido bordata di rosso vivo

Tepali 6, bianchi

Foglie glauche, strette, nastriformi, lunghe 20-40 cm e larghe 1,3 cm

NOTE

Sovente localizzato, nelle sue stazioni di crescita lo si trova in grandi quantità

Astragalo vischioso

Oxytropis foetida

Pianta di 5-15 cm di altezza, dall'odore sgradevole, tomentosa, glandulosa, vischiosa, dal fusto nullo e dal peduncolo florale che nasce direttamente dalla base della pianta

- **Fioritura**
  luglio-agosto
- **Habitat**
  ghiaioni, prati, morene, su suolo acido
- **Altitudine**
  da 1800 a 2800 metri
- **Distribuzione**
  Alpi Sud Occidentali
- **Famiglia**
  Fabaceae

Fiori bianchi con sfumature rosa alla base

Fiori in grappoli ovali di 4-7 fiori

Vessillo ellittico lungo 15-22 mm

Foglie imparipennate con 14-25 paia di foglioline lunghe 3-8 mm, un po' carnose, con il bordo generalmente rivolto verso l'interno

- **Fioritura**
  giugno-agosto
- **Habitat**
  prati, pascoli soleggiati, su suolo neutro o poco acido
- **Altitudine**
  da 1000 a 2400 metri
- **Distribuzione**
  su tutto l'arco alpino eccezion fatta per pochissime province
- **Famiglia**
  Xanthorrhoeaceae

Giglio di San Bruno

Paradisea liliastrum

Pianta bulbosa di 30-50 cm di altezza dal fusto eretto, cilindrico, privo di foglie

Fiori in grappolo lasso, unilaterale di 3-5 fiori

Fiori a forma di imbuto lungo 4-5 cm, profumati

Tepali 6, bianchi, lanceolati, saldati alla base

Foglie tutte basali, lineari, larghe 2-8 mm e lunghe 25 cm

Parnassia

Parnassia palustris

Pianta di 6-20 cm di altezza, glabra, dal fusto eretto, angoloso, nudo o provvisto di una sola foglia sessile inguainante il fusto

- **Fioritura**
  giugno-settembre
- **Habitat**
  prati umidi, sorgenti, lungo rigagnoli d'acqua, su suolo piuttosto calcareo
- **Altitudine**
  fino a 2500 metri
- **Distribuzione**
  su tutto l'arco alpino
- **Famiglia**
  Celastraceae

Fiori solitari, terminali, del diametro di 15-30 mm

Petali 5, bianchi venati di grigio, ovali

Nettari 5, provvisti di peli glandulosi

Foglie basali, ovato-cuoriformi, intere, verde chiaro, lunghe 2-4 cm, con nervature convergenti

- **Fioritura**
  giugno-agosto
- **Habitat**
  prati umidi, su suolo da neutro ad acido
- **Altitudine**
  da 800 a 2200 metri
- **Distribuzione**
  su quasi tutto l'arco alpino eccetto la parte orientale
- **Famiglia**
  Polygonaceae

Poligono alpino

Persicaria alpina

Pianta di 30-70 cm di altezza dal fusto eretto, ramificato nella parte alta

Fiori in infiorescenza terminale e all'ascella delle foglie

Fiori bianchi o giallastri, del diametro di 2-6 mm

Foglie basali quasi sessili, quelle caulinari del tutto sessili, lanceolate, lunghe 4-10 cm e larghe 1-3 cm, ondulate, leggermente pubescenti

Poligono viviparo

Persicaria vivipara

Pianta di 5-20 cm di altezza dal fusto eretto, solitario, cilindrico

- **Fioritura**
  giugno-agosto
- **Habitat**
  pascoli, vallette nivali, sovente in mezzo ai salici nani, su suolo neutro
- **Altitudine**
  da 1600 a 3000 metri
- **Distribuzione**
  su tutto l'arco alpino
- **Famiglia**
  Polygonaceae

Fiori bianchi o rosati del diametro di 2-4 mm

Fiori in spiga terminale, cilindrica portante alla base dei bulbilli fusiformi rossi lunghi 2-3 mm che germinano direttamente sulla pianta

Foglie basali peduncolate, foglie caulinari sessili

Foglie lanceolate lunghe 2-8 cm ondulate, con spesse venature reticolate, con il bordo rivolto verso la pagina inferiore. Pagina superiore scura e liscia, quella inferiore glauca e opaca

NOTE

Questa specie ha la particolarità di riprodursi in modo autonomo, senza fecondazione, grazie a dei bulbilli che essa produce sulla parte inferiore della spiga

- **Fioritura**
  giugno-agosto
- **Habitat**
  prati umidi, torbiere, rocce umide, su suolo calcareo
- **Altitudine**
  fino a 2500 metri
- **Distribuzione**
  su tutto l'arco alpino
- **Famiglia**
  Lentibulariaceae

Erba unta bianca

Pinguicula alpina

Pianta carnivora di 5-12 cm di altezza dal fusto eretto, vellutato, non foglioso

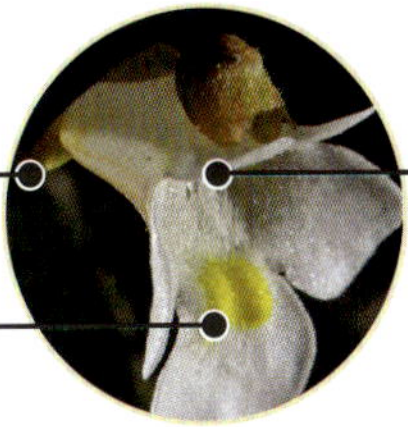

Sperone corto giallo verdastro

Corolla bianca, bilabiata formata da 5 lobi, 2 superiori e 3 inferiori, di cui quello mediano provvisto di peli glandulosi e di 2 macchie centrali gialle

Fiori solitari lunghi 1-2 cm compreso lo sperone, provvisti di un peduncolo lungo 5-12 cm

Foglie in rosette basali, ovali lunghe 2-3 cm e larghe 8-12 mm, con i bordi rivolti verso l'interno, verde chiaro, spesse e grasse, dalla superficie brillante per le numerose glandule viscose che trattengono e digeriscono piccoli insetti

Platantera comune

Platanthera bifolia

Pianta di 15-50 cm di altezza dal fusto eretto, solitario, striato longitudinalmente

- **Fioritura**
  maggio-luglio
- **Habitat**
  prati umidi, boschi luminosi, su suolo sia acido che calcareo
- **Altitudine**
  fino a 2200 metri
- **Distribuzione**
  su tutto l'arco alpino
- **Famiglia**
  Orchidaceae

Fiori in spiga terminale, cilindrica, lunga 5-15 cm composta da 15-25 fiori

Fiori del diametro di 1,5-2,2 cm, bianchi o verdastri

Tepali laterali aperti, lanceolati lunghi 7-9 mm, gli interni conniventi a formare un cappuccio

Labello pendente, intero, stretto, lineare, lungo 8-20 mm, verdastro

Sperone sottile, acuminato, lungo 1,5-3 cm

Foglie caulinari lanceolate progressivamente di taglia minore

Foglie basali 2, ovato-lanceolate, lunghe 7-15 cm e larghe 2-3 cm, lucide

- **Fioritura**
  giugno-agosto
- **Habitat**
  fessure delle rocce, zone rocciose, su suolo calcareo
- **Altitudine**
  da 700 a 2200 metri
- **Distribuzione**
  su tutto l'arco alpino
- **Famiglia**
  Rosaceae

Cinquefoglia penzola

Potentilla caulescens

Pianta di 10-30 cm di altezza, generalmente pendente, tomentosa, glandulosa, a volte vischiosa, dal fusto legnoso alla base, ramificato nella parte alta

Foglie caulinari digitate o trifogliate pelose su entrambe le pagine

Fiori in racemo multifloro

Fiori del diametro di 1,5-2,5 cm

Petali 5, obovati, bianchi a volte con sfumature rosa

Stami numerosi con filamenti pelosi

Foglie basali lungamente peduncolate, digitate composte da 5 fogliolìne lanceolate con l'apice arrotondato, lunghe 1,2-1,8 cm e larghe 5-8 mm, con 3-4 denti per lato nella parte apicale, pelose su entrambe le pagine

Potentilla di Valdieri

Potentilla valderia

Pianta di 20-40 cm di altezza, tomentosa, dai fusti ascendenti, fogliosi

- **Fioritura**
  luglio-agosto
- **Habitat**
  prati, rocce, luoghi sassosi, su suolo acido
- **Altitudine**
  da 1200 a 2400 metri
- **Distribuzione**
  nella sola provincia di Cuneo
- **Famiglia**
  Rosaceae

Fiori in corimbo multifloro compatto

Petali 5, bianchi, lunghi 6-7 mm, ovali più corti sia dei sepali che del calice

Calice composto da 10 lacinie

Foglie argentato-setose, digitate composte da 5-7 segmenti spatolati, dentellati

- **Fioritura**
  maggio-agosto
- **Habitat**
  pascoli,
  prati soleggiati,
  su suolo acido
- **Altitudine**
  da 600 a 2500 metri
- **Distribuzione**
  su tutto l'arco alpino eccezion fatta per pochissime province
- **Famiglia**
  Orchidaceae

Orchide candida

Pseudorchis albida

Pianta di 10-30 cm di altezza dal fusto eretto, flessuoso

Fiori in spiga stretta, densa, cilindrica, lunga 4-7 cm

Fiori biancastri o giallo chiaro

Tepali lunghi 2-3 mm uniti a formare un casco

Labello lungo 3-4 mm profondamente trilobato, con lobi appuntiti di cui il mediano supera talvolta gli altri due

Sperone a sacco, rivolto verso il basso, lungo 3-4 mm

Brattee lanceolate, acuminate

Foglie oblungo-lanceolate, quelle basali lunghe 4-8 cm e larghe 0,8-1 cm, quelle superiori di taglia minore

Anemone delle Alpi

Pulsatilla alpina

Pianta di 20-50 cm di altezza dal fusto eretto, non ramificato, scuro dalla base fino alle foglie caulinari, coperto di peli chiari. Le foglie basali sono ancora poco sviluppate al momento della fioritura

- **Fioritura**
  maggio-luglio
- **Habitat**
  prati umidi ricchi di sostanze azotate, su suolo più o meno calcareo
- **Altitudine**
  fino a 2500 metri
- **Distribuzione**
  Alpi Sud Occidentali
- **Famiglia**
  Ranunculaceae

Fiori solitari, del diametro di 3-6 cm

Tepali 6-9, bianchi, sovente sfumati di azzurro all'esterno

Foglie caulinari simili a quelle basali, ma più piccole, posizionate proprio sotto il fiore

Foglie basali palmate, profondamente incise, vellutate sulla pagina inferiore, lungamente peduncolate

Semi formanti un ciuffo di acheni piumosi, vistosi a tarda estate

NOTE

Questa specie cresce sovente mista alla Pulsatilla alpina *subsp.* apiifolia. *È inoltre conosciuta in alcune vallate con il nome dialettale di "Ciapa foi" letteralmente "Acchiappafessi" per la sua caratteristica di perdere subito, appena raccolti, i suoi bei petali bianchi*

- **Fioritura**
  aprile-luglio
- **Habitat**
  prati secchi e pietrosi, su suolo piuttosto acido
- **Altitudine**
  da 1300 a 3000 metri
- **Distribuzione**
  su tutto l'arco alpino eccezion fatta per pochissime province
- **Famiglia**
  Ranunculaceae

Anemone primaverile

Pulsatilla vernalis

Pianta di 5-15 cm di altezza dal fusto eretto, solitario, provvisto di lunghi peli setosi

Fiori solitari in forma di coppa profonda del diametro di 4-6 cm, dapprima inclinati e poi eretti

Petali al massimo 6, bianchi all'interno e sfumati di lilla all'esterno, molto pelosi

Foglie caulinari provviste di lunghe e strette lacinie che formano un collare proprio sotto il fiore, provviste di lunghi peli giallognoli

Foglie basali brevemente peduncolate, ricoperte di peli sottili, palmate, tripartite

NOTE

Fiorisce spesso subito dopo lo sciogliersi delle nevi

Ranuncolo a foglie di aconito

Ranunculus aconitifolius

Pianta di 20-60 cm di altezza dal fusto eretto, robusto, glabro, ramificato

- **Fioritura**
  maggio-luglio
- **Habitat**
  prati umidi, bordo dei ruscelli, sorgenti, su suolo neutro o poco calcareo
- **Altitudine**
  da 1000 a 2500 metri
- **Distribuzione**
  su quasi tutto l'arco alpino eccezion fatta la sua parte orientale
- **Famiglia**
  Ranunculaceae

Fiori lungamente peduncolati, del diametro di 1-2 cm, bianchi

Foglie lungamente peduncolate, palmate, del diametro di 4-8 cm profondamente divise in 5 segmenti lobati, seghettati

- **Fioritura**
  luglio-agosto
- **Habitat**
  detriti morenici, ghiaioni, vallette glaciali, sempre su terreno umido, su suolo acido
- **Altitudine**
  da 2000 a 3500 metri
- **Distribuzione**
  su tutto l'arco alpino eccezion fatta per pochissime province
- **Famiglia**
  Ranunculaceae

Ranuncolo glaciale

Ranunculus glacialis

Pianta di 5-15 cm di altezza dal fusto solitario o ramificato, glabro, liscio, carnoso, prostrato-ascendente, foglioso

Fiori solitari o in gruppi di 2-3 del diametro di 1,5-3 cm

Petali 5, cuoriformi, bianchi, rosa o porpora

Sepali rosso ruggine provvisti di peli

Foglie basali carnose, glabre, verde scuro, trilobate a lati ottusi, quelle caulinari simili ma più piccole

- **Fioritura**
  maggio-luglio
- **Habitat**
  pascoli, prati, generalmente su suolo calcareo
- **Altitudine**
  da 1700 a 2800 metri
- **Distribuzione**
  su quasi tutto l'arco alpino tranne la parte orientale
- **Famiglia**
  Ranunculaceae

Ranuncolo dei Pirenei

Ranunculus kuepferi

Pianta di 5-20 cm di altezza dal fusto eretto, solitario o con una sola ramificazione, vellutato sotto i sepali

Fiori 1-2 del diametro di 2-2,5 cm

Petali 5, ovali, bianchi

Foglie basali 1-3, lineari lanceolate, intere, glauche, glabre, con nervature parallele lunghe 4-7 cm e larghe 0,6-0,8 cm, quasi sempre rivolte verso l'interno

Foglie caulinari più piccole

- **Fioritura**
  giugno-luglio
- **Habitat**
  boscaglie, luoghi pietrosi, su suolo calcareo
- **Altitudine**
  da 500 a 1500 metri
- **Distribuzione**
  Alpi Occidentali e parte delle Alpi Orientali
- **Famiglia**
  Rosaceae

Rosa a foglie ellittiche

Rosa elliptica

Arbusto legnoso, cespuglioso di 50-300 cm di altezza, con spine ricurve e spesso appaiate

Fiori solitari o in corimbo, del diametro di 2,5-4 cm, bianchi con il centro provvisto di molti stami gialli e con il peduncolo generalmente glabro

Sepali diritti e persistenti dopo la fioritura

Foglie alterne, con 7-9 foglioline ovate, con la base acuta, glabre, dentate, glandulose sulla pagina inferiore

Frutto ovoidale, rosso, glabro

Sassifraga spinulosa

Saxifraga aspera

Pianta di 6-13 cm di altezza che forma cuscinetti lassi, dai fusti prostrato-ascendenti, fogliosi, glabri, con numerosi fusti sterili

- **Fioritura**
  giugno-agosto
- **Habitat**
  fessure delle rocce, pietraie, su suolo acido
- **Altitudine**
  da 1000 a 2200 metri
- **Distribuzione**
  su quasi tutto l'arco alpino
- **Famiglia**
  Saxifragaceae

Fiori in infiorescenza di 3-4 fiori

Petali 5, bianchi con una macchia aranciata alla base e numerosi puntini dello stesso colore

Foglie caulinari alterne

Foglie basali lineari lanceolate, lunghe 1,2-1,5 cm e larghe 1,5-2 mm, con il bordo provvisto di lunghe ciglia rigide

- **Fioritura**
  luglio-agosto
- **Habitat**
  fessure delle rocce, morene, pietraie, su suolo acido
- **Altitudine**
  da 1800 a 3600 metri
- **Distribuzione**
  su tutto l'arco alpino
- **Famiglia**
  Saxifragaceae

Sassifraga brioide

Saxifraga bryoides

Pianta di 2-5 cm di altezza, tappezzante, che forma densi cuscinetti, dai fusti fioriferi ascendenti

Fiori solitari del diametro di 10-15 mm

Petali 5, ellittici, bianchi con una macchia gialla alla base e punteggiati di arancione

Foglie in rosette basali strette le une alle altre

Foglie lanceolate, lunghe 2-6 mm, coriacee, mucronate, con il bordo cigliato

NOTE

*Le foglie dense e appressate di questa specie possono far pensare ad un muschio (*Bryum *sp.) dal quale essa prende il nome*

Sassifraga verdazzurra

Saxifraga caesia

Pianta di 5-12 cm di altezza che forma cuscinetti compatti, dal fusto eretto, appena foglioso, con peli glandulosi

- **Fioritura** giugno-agosto
- **Habitat** rocce, ghiaioni, su suolo calcareo
- **Altitudine** da 1400 a 2700 metri
- **Distribuzione** su tutto l'arco alpino
- **Famiglia** Saxifragaceae

Fiori del diametro di 8-11 mm con 5 petali bianchi

Fiori in infiorescenza di 2-5 fiori

Foglie caulinari alterne, pubescenti

Foglie basali embricate, oblunghe, lunghe 3-5 mm e larghe 1-1,2 mm, spesse, con la parte apicale rivolta verso il basso, glauche

Pagina superiore incrostata da piccoli punti di calcare

- **Fioritura**
  giugno-agosto
- **Habitat**
  rocce, falesie, su suolo calcareo
- **Altitudine**
  da 1000 a 2500 metri
- **Distribuzione**
  nella sola provincia di Cuneo
- **Famiglia**
  Saxifragaceae

Sassifraga meridionale

Saxifraga callosa

Pianta di 20-60 cm di altezza dal fusto ascendente o pendulo, glabro, rossastro, ramificato a partire dalla metà superiore

Fiori in pannocchia densa spesso unilaterale, con rami che portano numerosissimi fiori

Fiori del diametro di 10-18 mm

Petali 5, ovoidali, bianchi, sovente punteggiati di rosso alla base

Foglie caulinari più piccole e in alto ridotte a brattee

Foglie in rosette basali poco dense

Foglie basali coriacee, glauche, lineari, appuntite, lunghe 2-9 cm, grigiastre, dal bordo intero o leggermente seghettato, bordate di pori a secrezione calcarea

Sassifraga dei graniti
Saxifraga cotyledon

Pianta di 20-60 cm di altezza dal fusto ramificato, coperto di peli glandulosi rossastri, foglioso

- **Fioritura** giugno-agosto
- **Habitat** fenditure umide di rocce, su suolo acido
- **Altitudine** da 250 a 2500 metri
- **Distribuzione** su gran parte dell'arco alpino
- **Famiglia** Saxifragaceae

Fiori in ampia pannocchia piramidale lunga 20-40 cm, sovente pendula con rami di 5-20 fiori

Petali oblungo-lanceolati bianchi, sovente punteggiati di rosso, cigliati alla base, lunghi 5-10 mm

Foglie caulinari lunghe 1-3 cm

Foglie basali coriacee, lunghe 2-8 cm e larghe 2 cm con il bordo ornato di denti cartilaginei calcarei

Foglie in grande rosetta basale del diametro di 15 cm

Sassifraga alpina

Saxifraga paniculata

Pianta di 5-40 cm di altezza, tappezzante, con numerose rosette basali, dal fusto ghianduloso, eretto, ramificato nella parte superiore

- **Fioritura**
  giugno-agosto
- **Habitat**
  fessure delle rocce, praterie aperte, pietraie, ghiaioni consolidati, su suolo calcareo
- **Altitudine**
  da 700 a 3000 metri
- **Distribuzione**
  su tutto l'arco alpino
- **Famiglia**
  Saxifragaceae

Fiori in racemi lassi di 1-5 fiori

Fiori del diametro di 8-13 mm

Petali 5, ovali-arrotondati, bianchi o giallo paglierino sovente punteggiati di rosso

Foglie in rosette basali del diametro di 2-4 cm

Foglie basali lineari-spatolate, carnose, coriacee, lunghe 1-3 cm e larghe 2-8 mm, glauche, finemente dentate, bordate di pori a secrezione calcarea che danno alla foglia un aspetto farinoso

Foglie caulinari piccole, alterne

- **Fioritura**
giugno-agosto
- **Habitat**
rocce, ghiaioni, vallette nivali, su suolo calcareo
- **Altitudine**
da 1400 a 2800 metri
- **Distribuzione**
su tutto l'arco alpino
- **Famiglia**
Crassulaceae

Borracina verde-scura

Sedum atratum

Pianta di 3-8 cm di altezza, glabra, dapprima verde poi rosso brunastra, dal fusto ramificato

Fiori in corto grappolo stretto, terminale, di 3-8 fiori

Sepali ovali e appuntiti lunghi 2 mm

Petali 5, lunghi 3-4 mm, biancastri o giallo verdastri sovente con una linea centrale porpora

Foglie alterne, strette, da oblunghe a clavate, lunghe 3-5 mm, appiattite verso la base, carnose, embricate, sovente rossastre

- **Fioritura**
  giugno-agosto
- **Habitat**
  fenditure delle rocce, ghiaioni, su suolo generalmente acido
- **Altitudine**
  fino a 2500 metri
- **Distribuzione**
  su tutto l'arco alpino
- **Famiglia**
  Crassulaceae

Borracina cinerea

Sedum dasyphyllum

Pianta di 2-12 cm di altezza, glaucescente, o verde-grigio, pruinosa, dai fusti gracili, glandulosi nella parte superiore, fogliosi

Stami con antere rosse

Fiori in infiorescenza di 5-6 fiori

Petali 6, lunghi 4-5 mm, bianchi o rosati, sfumati di giallo alla base

Foglie carnose lunghe 5-7 mm e spesse 5 mm, glabre

Pagina superiore quasi piatta

Pagina inferiore bombata

Silene prostrata

Silene vulgaris subsp. *prostrata*

Pianta di 10-30 cm di altezza, glauca, dai fusti gracili, parzialmente prostrati

- **Fioritura**
  giugno-agosto
- **Habitat**
  ghiaioni, macereti, su suolo acido
- **Altitudine**
  da 1000 a 2800 metri
- **Distribuzione**
  Alpi Occidentali e poche province delle Alpi Centrali
- **Famiglia**
  Caryophyllaceae

Fiori bianchi del diametro di 12-22 mm con 5 petali profondamente bilobati

Fiori solitari o in gruppi di 2

Calice subsferico, lungo 12-18 mm, bruno violaceo con venature che formano un reticolo

Foglie ovali con dense papille e con il margine cartilagineo e cigliato

- **Fioritura**
  giugno-agosto
- **Habitat**
  fenditure delle rocce, ghiaioni, prati aridi, su suolo calcareo
- **Altitudine**
  fino a 2200 metri
- **Distribuzione**
  su tutto l'arco alpino
- **Famiglia**
  Lamiaceae

Camedrio montano

Teucrium montanum

Pianta di 8-25 cm di altezza, tappezzante, dai fusti prostrato-ascendenti, un po' legnosi alla base, ramificati, pubescenti

Fiori in capolino terminale

Corolla bianco giallastra lunga 12-14 mm senza labbro superiore

Labbro inferiore composto da 5 lobi di cui 2 superiori di colore giallastro, 2 laterali allargati e 1 mediano di grandi dimensioni, concavo

Foglie lineari-lanceolate lunghe 0,5-2 cm e larghe 2 mm, coriacee, intere, con il bordo arrotolato verso la pagina inferiore

Pagina superiore verde scuro

Pagina inferiore densamente tomentosa, biancastra

Piccola guida del vocabolario botanico

Glossario dei termini botanici

Achenio frutto secco indeiscente che racchiude un unico seme

Amento infiorescenza formata da una spiga di fiori unisessuati

Bifido diviso in due parti

Brattea foglia modificata avente forma, dimensione e colore molto variabili che si trova in prossimità del fiore o della foglia

Bulbosa pianta che porta un bulbo da cui ogni anno nascono fiori e foglie

Caduco di organo che cade ogni anno o dopo aver svolto la propria funzione

Capsula frutto secco deiscente, che racchiude più semi

Caule fusto delle piante erbacee

Caulinare che si riferisce al caule

Cespitoso riferito a una pianta che cresce in ciuffi serrati

Cigliato munito di peli

Connivente caratteristica di organi con le estremità fortemente appressate

Deciduo che perde le foglie d'inverno

Deiscenza fenomeno per il quale un determinato organo si apre a maturità liberando il suo contenuto

Dentato o denticolato con il margine provvisto di denti

Detrito morenico vedi morena

Dioico detto di pianta che possiede organi maschili e organi femminili su individui diversi

Drupa frutto carnoso con il seme contenuto in un nocciolo

Emiparassita pianta verde che si attacca alla radice o al fusto di altre piante sottraendo loro acqua e sali minerali

Epigeo pianta o altro organismo che si sviluppa sopra il terreno

Fistoloso fusto, foglia o peduncolo cavo all'interno, simile ad un tubo

Foglioso provvisto di foglie

Fusto organo fondamentale del corpo delle piante fornito di rami e foglie

Glabro senza peli

Glandula piccolo organo contenente un olio o una resina. Le glandule rendono spesso la pianta vischiosa o aromatica

Glanduloso riferito a pelo fornito di una massa globulosa al suo apice spesso vischiosa o profumata

Glaucescente colore glauco assunto dai vegetali per cause ed effetti diversi

Glauco si dice di una pianta o di una sua parte verde pallida tendente all'azzurro

Glomerulo infiorescenza globulare costituita da numerosi fiori inseriti uno accanto all'altro

Infiorescenza modo in cui i fiori si distribuiscono sull'asse florale

Lacinia porzione di un petalo o di un altro elemento florale, stretta, lunga e regolare a punta acuta

Latifoglia albero o arbusto con foglie a lamina larga

Ligulata corolla formata da petali nastriformi

Lobulo piccolo lobo

Macereto ammasso di frammenti rocciosi che si accumulano ai piedi dei pendii montani e che danno origine ad un particolare tipo di terreno

Morena accumulo di materiale roccioso disgregato trasportato da un ghiacciaio o deposto dopo il suo scioglimento

Mucronato che termina all'apice con una punta acuta e rigida

Nervatura insieme dei fasci fibrovascolari sulla lamina della foglia

Nettario ghiandola del fiore che secerne il nettare

Orecchietta appendice in forma di lobi arrotondati che si osserva alla base di molte foglie o nella corolla di alcuni fiori

Ovoidale a forma di uovo

Papilionaceo per la forma a farfalla del fiore, tipico della famiglia delle *Fabaceae*

Persistente organo vegetale che permane sulla pianta per un periodo di tempo più lungo del normale

Pollone germoglio che si sviluppa da un ramo o dal rizoma di una pianta

Prostrato adagiato sulla superficie del terreno, più o meno aderente ad esso

Pruinoso di organo vegetale coperto di pruina

Pubescente caratteristica della superficie di alcuni organi che si presentano coperti da una minuta peluria

Revoluto parte di un organo vegetale accartocciato in fuori

Sarmentoso si dice di una pianta i cui rami lunghi e flessuosi sono detti sarmenti. La vite è una tipica pianta sarmentosa

Sfagneto associazione di sfagni

Sfagno muschio dei terreni umidi e acquitrinosi che forma strati soffici molto estesi

Spiralato disposto a spirale

Squama tipo di foglia più o meno trasformata, generalmente semplice nella forma, con funzione protettiva

Stipula piccola appendice che si inserisce alla base del peduncolo o della lamina delle foglie

Tomentoso coperto di peluria

Tubuloso a forma di tubo

Verticillo insieme di organi disposti in cerchio attorno ad un asse o a un punto centrale come i raggi di una ruota

Villoso cosparso di peli

Glossario dei fiori

Ala petalo laterale della corolla papilionacea

Antera parte terminale dello stame che contiene il polline

Calice involucro esterno protettivo del fiore composto dai sepali

Carena associazione dei due petali inferiori della corolla papilionacea

Corolla parte del fiore costituita dai petali

Filamento organo che sorregge l'antera

Lobo porzione di un organo florale o fogliaceo con incisioni arrotondate

Peduncolo gambo più o meno sottile che sostiene il fiore o la foglia

Petalo uno degli elementi che formano la corolla del fiore

Pistillo organo femminile del fiore

Sepalo uno degli elementi simili a foglioline che formano il calice del fiore

Sperone prolungamento conico o cilindrico del calice o della corolla di alcuni fiori, nel quale si raccoglie il nettare

Stame organo maschile del fiore

Stigma o **stimma** parte superiore del pistillo che ha la funzione di trattenere il polline

Stilo parte del pistillo costituito da un filamento che sorregge lo stigma o stimma

Tepalo elemento di un fiore in cui non si distinguono petali e sepali

Vessillo petalo superiore grande della corolla papilionacea

Morfologia del fiore

Elementi del fiore

Fiore campanulato

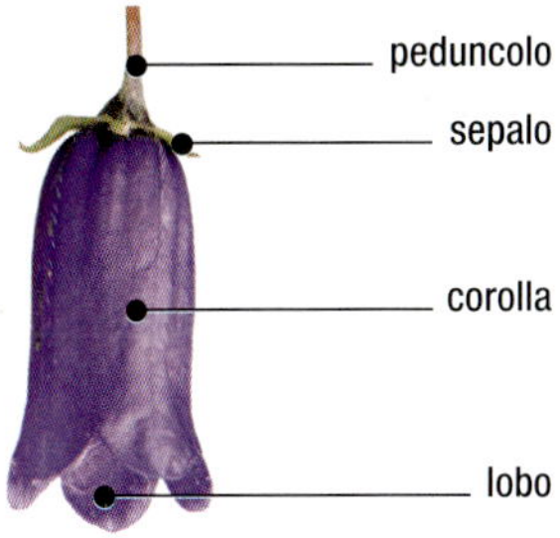

Fiore bilabiato

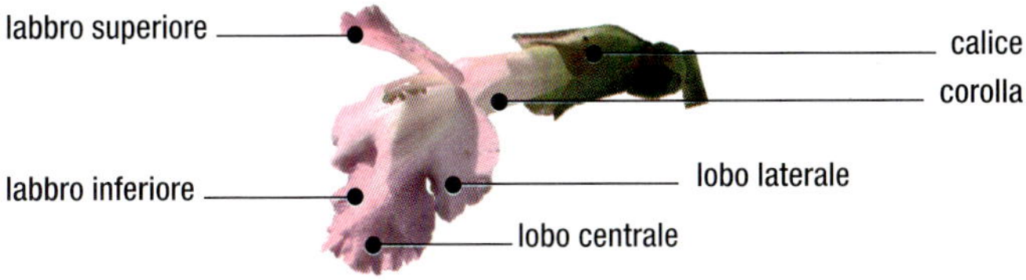

Fiore papilionaceo

Fiore orchidaceo

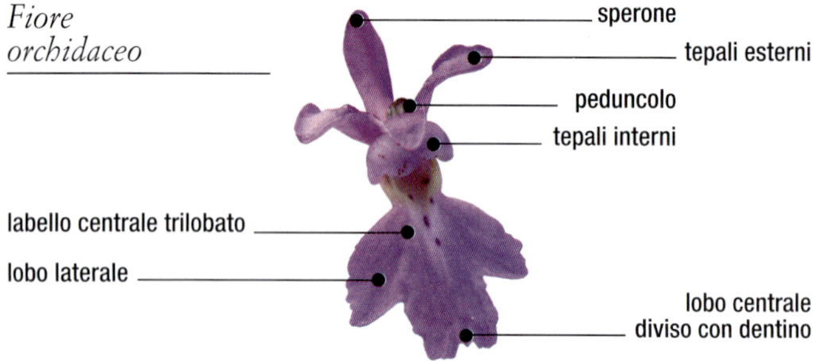

Fiore asteraceo

Tipi di infiorescenze

Ascellare

Capolino

Corimbo

Grappolo o racemo

Ombrella

Spiga

Forme delle foglie

Bipennata

Clavata

Cordata

Crenata

Cuoriforme

Digitata

Ellittica

Imparipennata

Lanceolata

Lobata

Nastriforme

Oblunga

Obovata

Ovale-ottusa

Ovata

Ovato-lanceolata

Palmata

Pennata

Pennatosetta

Reniforme

Rotonda

Scanalata

Spatolata

Subrotonda

Triangolare

Trifogliata

Trilobata

Tripartita

Pagine delle foglie

Superiore

Inferiore

Disposizione delle foglie

Alterne

Amplessicaule

Embricate

Inguainante

Opposte

Peduncolata

Sessile

Stipola

Indice dei nomi latini

Indice dei nomi italiani

R

S

T

U

V

Bibliografia e sitografia

AAVV., 2004: *Flora alpina 3 voll.*, Zanichelli Bologna

BOURNERIAS M., PRAT D., 2005: *Les orchidées de France, Belgique et Luxembourg*, Biotope, Mèze

GREY-WILSON C., BLAMEY M., 1990: *Guide complet des Fleurs de Montagne*, Delachaux & Niestlé, Neuchâtel

HUXLEY A., 1981: *Fiori di montagna*, Paoline, Roma

LAUBER K., WAGNER G., 1998: *Flora Helvetica*, Belin, Paris

LIPPERT W., 1986: *Fleurs des montagnes*, Nathan, Paris

PALLAVICINI G., PASCALE M., 2004: *Fiori delle Alpi sud-occidentali*, CD ROM

PIGNATTI S., 1982: *Flora d'Italia 3 voll.*, Edagricole, Bologna

RASETTI F., 1980: *I fiori delle Alpi*, Accademia Nazionale dei Lincei, Roma

www.actaplantarum.org
www.florealpes.com
www.tela-botanica.org

Indice

Finito di stampare
nel mese di giugno 2013